宁波华美医院百年档案

（卷三）

中国科学院大学宁波华美医院（宁波市第二医院）主持

蔡　挺　郑建军　王波定　主编

王兰平　吴　华　张巧穗　编著

图书在版编目（CIP）数据

宁波华美医院百年档案. 卷三 / 王兰平等编著. —北京：商务印书馆，2022

ISBN 978－7－100－21774－3

Ⅰ. ①宁…　Ⅱ. ①王…　Ⅲ. ①医院—历史—宁波　Ⅳ. ①R199.2

中国版本图书馆 CIP 数据核字（2022）第186018号

浙江省社科规划课题研究成果

宁波华美医院百年档案（卷三）

蔡　挺　郑建军　王波定　主编

王兰平　吴　华　张巧穗　编著

商　务　印　书　馆　出　版

（北京王府井大街36号　邮政编码 100710）

商　务　印　书　馆　发　行

山西人民印刷有限责任公司印刷

ISBN　978－7－100－21774－3

2022年12月第1版　　开本 889×1194　1/16

2022年12月第1次印刷　　印张 22

定价：138.00元

编撰委员会

编著者简介

王兰平，男，1978年生，历史学博士，历史学博士后，应用经济学博士后，清华大学客座研究员，浙江省首批“之江青年社科学者”，主持完成国家社科基金项目、中国博士后基金一等资助项目、浙江省社科规划重点项目、浙江省高校重大人文社科项目等，参与研究国家社科基金重大招标项目、上海市社科规划重大项目等，已于境内外发表中英文学术论文40余篇，出版学术论著9部。

作者 E-Mail：wanglanp@163.com

吴华，女，1960年生，南京军区军医学校毕业，副研究馆员，中国科学院大学宁波华美医院（宁波市第二医院）档案管理科科长，主管护师，国家三级心理咨询师，参与研究浙江省社科规划项目，发表学术论文多篇，出版学术论著3部。

张巧穗，女，1991年生，上海大学历史系博士研究生，澳大利亚昆士兰大学高级翻译硕士，澳大利亚翻译局（NAATI）认证高级翻译（Level 3），参与研究浙江省社科规划重点项目，已于境内外发表中英文学术论文多篇，出版学术论著3部。

序　一

韩启德

（著名病理生理学家、中国科学院院士）

西方医学在中国从落地生根到如今的蓬勃发展，仅有百余年的历史。明末清初，欧洲教会陆续派遣传教士来华，他们大多采取迂回策略，以文化活动为外衣行传教之实。19 世纪中后期，随着通商口岸的开放，来华传教士数量大增。当时西方医学已有较大发展，解剖学、生理学、病理学等日臻成熟，科学与技术的结合也使得医学实践在诊断、治疗等方面有了长足进步。而彼时的中国积贫积弱，缺医少药情况严重，医疗卫生条件差。在此背景下，“借医传教”成为首选，大批传教士来华开办诊所，西方医学传入中国，开始变得活跃，中西医学的碰撞、交流与融合也由此拉开序幕。

对于近代以来传教士在华的医疗活动，学界的评价比较一致：其根本目的是推广宗教，发展外国教会在华势力；但在客观上将西方现代医学和科学文化带到中国，产生的积极影响是不可否认的；传教士中优秀者的敬业献身精神和慈善情怀也给人留下深刻印象。最初，传教士行医以个人诊所为据，规模较小，除了布药外，主要行一些简单的外科手术。此举卓有成效，赢得了中国人对传教士的好感，也使中国人对西医技术与西药有了初步认识。教会和一些有识之士都看到了发展医疗事业的价值，于是在教会支持和地方士绅的资助下，19 世纪末期，中国出现了一些规模较大的西医院。中国传统医学的特点是望闻问切综观全身、查验诊治一人包揽，游方郎中携一药箱便可四方施治；而西医分科繁细，医护各有其职，中国现代医院制度的雏形即随西医院的建立而慢慢发展起来。此外，在专门的医学院校出现之前，医院自行培养了一批西医人才和护工，为早期医学教育做出了一定贡献。

华美医院（现宁波市第二医院）是宁波的第一所西医院，在医治病患、培训医护、防治疫病、健康宣教等方面做出了很多贡献，对宁波乃至江浙地区医疗事业的发展有较大影响。

值得一提的是，华美医院虽为传教士初创，但在发展变迁中，中国人的积极参与是至关重要的，这点从医院数次易名的历史中也可见一斑。1843 年，美国浸礼会传教士玛高温（Daniel J. Macgowan）初至宁波所开办的诊所，是在当地一名商人帮助租用的几间屋子里办起来的，称“浸礼老医局”。后传教士白保罗（Stephen P. Barchet）接管，将诊所迁址到宁波北城门外的姚江边，增设男病房，规模略有扩大。1880 年，在当地士绅的捐助下又增设了女病房，才正式更名为“大美浸礼会医院”。1889 年，传教士兰雅谷（J. S. Grant）接任院长，为支持医院发展，他将自己先前任浙江海关关医的俸禄悉数捐出，宁波地方人士也纷纷捐款支持医院建设，由此将院名更为“华美医院”，寓中美合作之意。而 1926 年开始兴建、至今仍在使用的华美医院住院大楼更为贴合地呼应了“华美”的院名。为筹建大楼，华人医生任莘耕与时任院长兰雅谷一起奔走呼吁，获得了宁波当地人的踊跃捐助；后捐款范围扩大到杭州、南京、天津、北京等地，当时的不少富商政要纷纷施以援手，来自国内社会各界的捐款承担了超过半数的建楼费用。可以说，在华美医院的每个发展阶段，都有当地人士的重要贡献，他们是华美医院的主要建设者。

华美医院是近代以来最早兴建的西医院之一，历经百余年沧桑传承至今，见证了中国近现代医学发展的轨迹。医院档案留存相对完整，实为难得。现在，宁波市第二医院的领导和专家对华美医院的档案资料进行整理，出版系列丛书，是对医院百余年发展历程的回顾总结，更重要的是为医学史、文化交流史、近代社会史等方面的研究提供了真实的原始材料，相信会对相关研究有所裨益，是一件很有意义的事情。

是为序。

2018 年 9 月 26 日

序　二

张大庆

（北京大学医学部教授）

1991 年，我参与《中国医学通史》的编纂，承担近代西医传入部分的撰写，在阅读文献时，关于华美医院的一则史料给我留下深刻印象。《中国丛报》（*Chinese Repository*, V.18, 1849）上报道了“浸礼医局”的传教士医生玛高温（Dr. D. J. Macgowan）在月湖书院给当地的医生和学生讲授解剖学。这是中国最早的西医解剖学课程的记载。玛高温在教学中采用了人体解剖模型、一副人体骨骼以及一些挂图，引起听众的极大兴趣。在教学过程中，玛高温认为用中文来教授西医知识效果更好，但中文里缺乏许多西医解剖学词汇的对应词汇，他提出创造一些容易为当地有文化的人所能理解的名词是非常必要的，因此，玛高温也是最早关注医学名词翻译的人。

2014 年，为研究著名公共卫生学家兰安生（John Black Grant, 1890—1962），我带研究生专程前往华美医院查阅相关历史档案，得到了吴华老师的热情接待。1930 年落成的华美医院大楼为中西合璧的建筑风格，坐北朝南，呈“门”字形，拱形大门用条石砌筑，屋顶为中国传统的歇山式，庄重大气，大堂内方格藻井、柱头所嵌三块雀替均饰卷草纹，具西洋风格。参观了医院大楼后，吴华老师带我们来到档案室查看相关的档案资料。虽然历经一百多年的风云变幻、社会变迁以及人事变更，华美医院的历史档案仍保存得相当完整，从年度医院报告到收支账册，从购买房屋的地契到慈善募捐的名册，从住院大楼设计的图纸到记载医院发展历程的珍贵照片。这些档案文献不仅是华美医院跨越三个世纪的历史见证，也为研究近代中国医学史和近代中国社会史提供了丰富的原始资料，弥足珍贵，具有重要的学术价值。

兰安生是近代历史上著名的公共卫生学家。兰安生的父亲兰雅谷（James Skiffington Grant, 1861—1927）于1889年接任因病离职的白保罗（Stephen Paul Barchet, 1843—1909），出任大美浸礼会医院院长。1890年8月31日，兰雅谷夫妇喜得贵子，取名为路易斯·麦伯里（Louis Milbery），后来兰雅谷为怀念自己早夭的兄弟，将儿子的名字改为John Black Grant，即兰安生。兰安生在宁波度过他愉快的童年，8岁时被送到芝罘的英文学校念书，18岁入加拿大阿卡迪亚大学学习。1913年，兰安生进入密歇根大学医学院，毕业后，于1918年进入洛克菲勒基金会国际卫生部，1920年入约翰霍普金斯大学公共卫生学院攻读公共卫生硕士。兰安生因出生于中国，对中国有着特殊的情感，1921年被洛克菲勒基金会任命为北京协和医学院病理学系副教授，兼任国际卫生部驻远东代表，担负开展公共卫生研究、开始公共卫生课程以及建立公共卫生系的任务。兰安生为中国近代公共卫生事业的发展做出了许多开创性的工作，如在北京建立了以第一卫生事务所为依托的城市社区医疗卫生服务，在河北定县建立了中国最早的农村基层医疗卫生体系等，他还将中国的经验推广到印度、波多黎各等国，为国际公共卫生和初级卫生保健学界所推崇。

兰雅谷从1889年至1927年执掌医院工作长达38年。任职期间，他殚精竭虑，始终如一，将毕生精力献给了医院的发展和为病人服务的事业上，赢得了当地民众的尊敬与爱戴。如《兰雅谷先生六秩大寿来华卅周纪念会劝集医院经费启》一文所云："先生精于医学，植品端方，居心慈善。

三十年前来华，即任北门外华美医院院长，专以救世活人为急。约计自任事迄今，经其医治者不下数十万人，无不尽心竭力。”华美医院之名也来自医院大楼为兰雅谷及宁波地方人士共同捐资兴建，以示美与华合作之好。因此，华美医院在中国近代医学史上具有特殊的地位与贡献。

华美医院是国内少数几所档案资料较完整的近代教会医院之一。医院现在将这些档案整理出来，陆续公开发表，不仅对研究近代医院的发展、研究疾病与社会的互动、研究当时的社会经济与人群健康状况等都具有重要的学术价值，也可为近代制度史、经济史、社会史研究提供重要的参考。

2018 年 9 月 11 日

说　明

一、宁波华美医院是近代宁波及浙江首家西医院，也是第一次鸦片战争后外国人在华建立的第一家西医院，是中国历史最悠久的西医院之一。医院源于 1843 年 11 月 1 日抵甬之美国浸礼会传教士玛高温（Daniel Jerome Macgowan, 1815—1893）医生所开设之西医诊所，1951 年 10 月 13 日由中国人民解放军华东军区宁波市军事管制委员会接办，1952 年 4 月 2 日更名为宁波市华美医院，1954 年 10 月 16 日更名为宁波市第二医院，2018 年 11 月 8 日更名为中国科学院大学宁波华美医院（宁波市第二医院）。医院跨越了 3 个世纪，迄今已有近 179 年的历史，可谓历经沧桑。20 世纪上半期，华美医院是宁波乃至浙江省医技水平高、诊疗设备先进，且颇具规模和影响力之西医院；现在更是集医疗、教学、科研、预防、保健于一体，在浙东地区具有重要影响力之现代化三级甲等综合性医院。故而，宁波华美医院是西医院早期在华发展的见证和缩影，在中国西医发展史上具有重要的地位。

二、宁波华美医院档案主要集中收藏于宁波市档案馆、中国科学院大学宁波华美医院（宁波市第二医院）档案室，此外还散见于美国浸礼会历史协会（America Baptist Historical Society）、绍兴市柯桥区档案馆、北京协和医学院档案中心、境内外期刊报纸、私人收藏及相关论著等。目前所知，宁波华美医院是国内少数几所档案资料较完整的近代教会医院之一。上述这些档案既是院史，也是近代中国医疗卫生史、近代中国社会史、近代中西关系史等研究之原始史料，弥足珍贵，具有重要价值。可惜目前绝大多数档案仍束之高阁，有些迄今尚未公布，亦未经系统整理和研究，利用不便，不利于充分发挥其价值。鉴于此，我们决定对华美医院百年档案进行系统整理和出版。

三、本书题作《宁波华美医院百年档案》，指的是目前所了解反映从1843年11月1日玛高温抵甬至1951年10月13日宁波市军事管制委员会接办之前这一段时期，华美医院各方面情况的有关图文档案。

四、本书按原始档案形成时间先后为序编撰，此处所言时间，指档案如有明确原始书写或印制时间者，以此系年；如原始书写时间或印制时间和期刊报纸刊载档案时间并存者，取前者；如无任何明确时间，则根据档案内容和相关史实推测系年。时间如没具体到月的档案，置于同一年之后；如没有具体到日的档案，则置于同一年同一月之后。

五、中文档案释文，依据档案原件或影印件使用通行简体字释录，并加现代标点；非中文档案释文，亦依据档案原件或影印件使用原文字释录，视情况附中文译文，以供参考。

六、本书所辑释之有关契约文书，绝大多数系首次公布，为便于进一步研究，契约文书释文前附有契约文书照片影印件，照片原件现保存于中国科学院大学宁波华美医院档案室，而文书原件藏于何处则尚不清楚。较之契约文书原件，现见其照片原件尺寸或有较大比例缩小，需借助放大镜才可释读，甚至有些文字、印记几不可释。

七、档案的拟题以向读者提供尽量多的学术信息为原则，凡原题符合以上原则者，即行采用，不符合者则重新拟题，全书尽可能统一。

八、凡档案所见文字文义可通者，均以其原件或影印件为准，若其文字有误，则保留原文，于错误文字后用（ ）注出正确文字；若其有脱文，则据他本或上下文义补足，将所补之字置于〔 〕内；改、补理由均见校记。

九、因档案残缺造成缺字者，用□表示，不能确知缺几字者，上缺用▁▁▁表示，中缺用▁▁▁表示，下缺用▁▁▁表示，一般占三格。

一〇、凡缺字可据他本或上下文义补足者，将所补之字置于□内，并于校记中说明理由；档案原文残损，但据残笔画或上下文可推知某字者，径补；无法拟补者，从缺字例；字迹清晰但不识者，于该字之后注（？），以示存疑；字迹模糊无法辨识者，亦用□表示。

一一、档案原书写者未写完或未写全者，用“（以上原缺文）”或“（以下原缺文）”表示。

一二、档案所见俗体、异体字，凡可确定者，一律改作通行简体字。

一三、档案所见笔误和笔画增减，径行改正。

一四、档案所见同音假借字照录，但用（ ）于该字之后注出本字。

一五、档案所见倒字符号者，径改；有废字符号者，不录；有重叠符号者，直接补足重叠文字，均不出校。有涂改、修改符号者，只录修改后之文字；无法确定哪几个字是修改后应保留者，两存之。有涂改符号者，能确定为作废者，不录；不能确定已涂抹之文字，则照录。原书于行外之补字，径行补入行内；无法确定补于何处者，编著者拟补，并出校记。

一六、档案所见衍文，均保留原状，但于校记之中注明，一般说明理由。

一七、档案所见其他注文和印记，一般亦予以说明，其中印记以“（印）”起头并附印文。

一八、本书所辑释之部分契约文书与美国浸礼会有关，似与宁波华美医院无直接关系，不过浸礼会在甬建立华美医院主要目的是为了服务于传教，医院是浸礼会在甬传教事业之重要组成部分，故而此部分契约文书似与医院亦存在某种联系，也很难将其与医院档案割裂开来，因此本书亦将其视作医院档案之一部分予以收录。

一九、为行文简洁，体例尽可能统一，本书所引用或参考之论著，首次一般注明编著者、书名、出版地、出版社、出版年份和页码，以后引用同一论著一般只注明著者、书名和页码。所涉及外国人名、机构名等，一般首次均写明中文译名和原名，以后出现仅写中文译名。

二〇、因目前条件制约，先行整理并出版医院中文档案，之后再推行到英文档案。

目录

1939 年

甬防守部商会恢复沪定鱼运

总部已转呈上级请示，海门通敌犯在甬就擒

关于沪定线复航问题，经定海鱼商要求雇轮运鱼后，业经甬防守部拟定办法，呈总部核示，兹悉第 × 集团司令部已转呈最高当局请示，俟核准后方可实行。又据航业界消息，日舰骚扰浙东海门时，曾有奸匪通敌纵火，现有金好有一名逃甬后，于日前就擒，兹分志如下：

沪定复航，尚待核示

……

海门奸匪在甬就擒

浙东海门口岸于上月十七日起，迭遭日舰肆扰，而该地土匪，复纵火内应，致秩序紊乱，嗣经防军夺勇卫御，将日舰击退，并将匪乱戢平。兹据航业界确悉，海门通敌匪犯一名，名金好有，于防军剿捕时，被枪伤嘴巴，乃潜逃赴甬，至北门华美医院医治。事为外海水警局所侦悉，于三日晚电请宁波警察局查缉。俞局长据电后，当派干员密缉，在华美医院将该匪金好有捕获，即带局严讯，该匪供认纵火内应，企图引敌登陆不讳，复由该局将该匪入院就医之保人吴金宝传案，一并发押候办，一面并电告水警局长知照。

【**说明**】上述报道刊载于《申报》1939 年 3 月 7 日。

毕业证明书存根（陆秀章）

证书存根

查学生陆秀章，系浙江省鄞县人，现年念（廿）四岁，在本院爱克司光技术人员训练班学习二年，考查成绩及格，准予毕业，特给此证。

宁波华美医院院长：汤默思

中华民国二十八年三月三十一日

【说明】

（一）此存根右侧见一行骑缝字号“爱字第三号”，已被截为半字，骑缝字号处钤印一方，仅残一半印文，据相关文献可知，其印文为“宁波华美医院之章”。

（二）此文献现藏于宁波市档案馆，编号：306-1-19。

日机轰炸宁波惨状

商铺被毁三百五十余间，男女老幼死伤近五百人，
全市财物损失五六百万

宁波通讯：四月二十八日上午八时三十五分，龙山上空发现日机七架，至九时许侵入宁波市空，盘旋数匝，散下传单为汪精卫二次宣言。旋分散队形，向新建之灵桥滥肆轰炸，连续投爆炸弹十四枚，燃烧弹四枚。落弹地点，计灵桥桥面落爆弹一枚，西堍即药行街口落燃弹二枚，浜江路（即半边街）落爆弹三枚，半边街及大衜头中落爆弹三枚，灵桥路怀安巷口落爆弹一枚，十一真巷落爆弹一枚，濠河街落爆弹二枚，灵桥路菜市场前落爆弹一枚，江东后塘路口（即灵桥桥东堍）落燃烧弹二枚，爆炸弹一枚，演武街落弹一枚。一时灵桥两堍发生大火，延烧达四小时，始告救灭。自天后宫后冷藏公司起，至灵桥路小菜场止，及浜口路（即半边街）一带商铺二百五十余间，全成瓦砾。损失较巨者，为德商冷藏公司、德商新宝华绸庄、新天宝绸庄、四明银行办事处等。停泊半边街之渔船五艘，毁二沉三，后塘路百丈路口焚毁店铺四间，忠介街口被炸店屋六间，演武街炸毁震毁民居十九间，灵桥桥面被炸一巨洞。死男女老幼一百二十余人，伤二百七十余人，由各救护机关舁送中心、华美、仁济、天生、普仁等医院疗治。本县最高军政长官均于日机翱翔下莅灾区督率救护，城区商铺及居民均星夜疏散，浙东商埠之宁波顿成死市。统计此次被炸，损失约在五六百万元，全市菁华毁损殆尽，非三五年建设，难望恢复。

【说明】上述报道刊载于《申报》1939 年 5 月 4 日。

华美医院汤默思夫妇第四次回美留念

【图释与说明】

（一）此照片摄于新院拱形门前。

（二）此照片正上方题“宁波华美医院院长汤默思医师及其夫人第四次回美留念（一九三九、六、二）”。

（三）此照片前排左起，第六位是刘贤良，第七位是戚启运，第八位是洪约翰，第十位是丁立成，第十一位是汤默思，第十二位是汤默思夫人格特鲁德，第十五位是韩碧玲。

（四）此照片中合影人群后可见当时防御工事沙袋。

（五）刊载于 Margaret Thomas Beal, Barbara Thomas Jones, Harold Thomas, Jr. & Mary Rushit Thomas, ed., *A History of the Hwa Mei Hospital 1843-1950*, unpublished dissertation, Revised 2015, p.50。

国际救济会拨款救济甬灾

准汤默思等函请，拨救济费一万元

宁波旅沪同乡会自开始筹募甬灾救护捐款以来，截至前(一)日为止，已募得三万余元，距原定目标五万元已不在远，刻正继续进行劝募工作，本月内当可达到目的，此次捐款全数拨充救济宁波被炸灾民之用。又国际救济会准宁波华美医院美人汤默思等函请，决拨救济费一万元，在甬办理收容所，救济被炸灾民。

【说明】上述报道刊载于《申报》1939 年 6 月 3 日。

华美医院院务会议记录（1939.6.5）

院务会议

日期：一九三九年六月五日上午十一时三刻。

地点：图书室。

到会者：汤医生、丁医生、洪医生、葛医生（特请）、韩女士、郁先生、马先生。

祈祷：汤医生。

报告：由汤医生报告本人离院在即，但本年四月间差会方面决议请葛烈登〔一〕先生到甬暂摄院长职务，然葛君非至九月不能抵华，在伊已返国而葛君尚未履任期间，院长职务应否请韩碧玲女士暂代。

议决：根据汤院长报告，上海差会方面既已敦促葛烈登先生来院，则在葛君未来前，汤院长业已返美后，期内暂请韩女士代行院长职务，似颇适当，但韩女士现时职责已重，兼任院长未免太劳，最好浙沪浸礼年会及差会方面能派员襄助共策进行。

【校记与考释】

〔一〕葛烈登，亦见写作“葛烈腾”，E. H. Clayton，下同，不另出校。

【说明】此文献现藏于宁波市档案馆，编号：306-1-20。

华美医院院务会议记录（1939.7.21）

院务会议

日期：一九三九年七月廿一号上午十时。

地点：本院图书室。

到会者：丁医生、洪医生、陈树汉先生、葛医生（特请）、韩女士、郁先生及马先生。

祈祷：由丁医生祈祷开会。

讨论及报告：

1. 由丁医生报告昨晚王净政君及陈占梅女士两人被车巡队拘禁事。

2. 职员患病者日多，应如何规定限制办法以减轻医院负担。

决议：

1. 王君今晨自请辞职，应予照准。维念其任职多年，平日作事勤谨，此次特酌赠旅费百元，俾率眷返江阴原籍。至陈女士如何处罚，则请韩女士全权办理。

2. 此后职员病假应规定如下：

（1）学生职员病假最多四个月。

（2）其他医士、职员或工友病假，第一年得告病假二个月，以后每多一年加一月，薪水照发。

（3）凡患病者超过规定假期仍须继续休养者，薪给停发，住院费须照付，纳医费有困难时，可请求救济，本院当在恩赐项内拨款援助之。

【说明】此文献现藏于宁波市档案馆，编号：306-1-20。

宁波旅沪同乡会为施诊所添聘西医周宁甫君通告

本会办理施诊，已（以）往只限中医，今为扩充同乡公益，便利病家起见，特约宁波周宁甫医师，自本月二十五日起在会施诊，于每日下午三时至五时候诊。周医师学术湛深，为吾甬医界先进，历任逊清邮传部盛派往京奉路防疫医官、医务长，皖北华洋义振会救疫医队医务长，宁波华美医院副院长，鄞县第一公立医院院长，浙江定海定海医院院长，宁波康宁医院院长。此番来沪，除担任本会特约施诊外，并自设诊所于同孚路世界药房，上午门诊，余时出诊。

本会电话：91712。

世界药房电话：34040。

周医师住宅电话：19834。

【说明】上述通告刊载于《申报》1939 年 8 月 20、22、24 日。

浙江省公路管理局就冬季车捐致华美医院复函

浙江省公路管理局用笺　　第　页

顷准贵院函，以冬季车捐是否应缴三十三元，嘱查示，以便付款等由。准查144、146号车，应缴本年冬季车捐合计国币三十三元，准函前由，相应函复，查照即希将上项车捐连同各该车行车执照汇寄过局，以便核解为荷。

此致

宁波华美医院

浙江省公路管理局启

中华民国廿八年十一月四日

局管1644

【说明】此文献现藏于宁波市档案馆，编号：306-1-19。

毕业及服务证明书（王南扬）

证明书

王南扬君，现年三十岁，系浙江省鄞县人，民国十七年一月起，曾在本院化验室学习病理检验技术，二年期满毕业，成绩优良。自十九年一月起始任化验室技佐，任职四年，举凡化验室一切惯例检验暨细菌学、血清学、血化学及病理组织学、切片等检验技术均能胜任，特此证明。

院长：丁立成

中华民国廿八年十一月

November 6th, 1939

To Whom It May Concern,

This is to certify that Mr. Wang Na Yiang has served as student technician in the laboratory of this hospital from January 1928 to December 1929 and from then to December 1933 he has served as assisatant technician in this hospital. During these periods he has covered and performed with satisfaction all the routine of different departments including routine clinical and bacteriological procedures, Wassermann and Kahn tests and tissue section.

L. C. Ting, M. D.

Acting Superintendent

【说明】此文献现藏于宁波市档案馆，编号：306-1-19。

服务证明书（王南扬）

证明书

王南扬君，现年三十岁，浙江省鄞县人，自民国念（廿）三年一月起任本院化验室技正，特此证明。

院长：丁立成

中华民国廿八年十一月

November 6th, 1939

To whom It May Concern,

This is to certify that Mr. Wang Na Yiang has served as chief technician in the laboratory of this hospital from January 1934 to September 1939. During this period he has been in charge of all the routine clinical and bacteriological procedures, Wassermann and Kahn tests, and tissue section with satisfaction.

L. C. Ting, M. D.

Acting Superintendent

【说明】此文献现藏于宁波市档案馆，编号：306-1-19。

珍讯（宁波）

华美医院院长丁立成鉴于本年疟疾之流行，恐明年更甚，认为中国旧习偿之岁底除尘与端节烧苍术为防疟最好方法，遍发传单，提倡今冬必须家家大扫除，明春必须家家烧苍术，俾越冬疟蚊，杀灭殆尽。所见极有理由，愿政府与人民合力推行。

【说明】上述报道刊载于《复兴旬刊》1939 年第 24、25 期。

华美医院院务会议记录（1939.11.20）

院务会议

日期：一九三九年十一月廿日晚七时一刻。

地点：本院图书室。

到会者：丁代院长、洪医生、陈树汉先生、郁云卿先生、韩碧玲女士及马时飏等六人。

祈祷：由郁先生祈祷开会。

讨论及报告：

由丁代院长报告十月廿四号执行董事开会经过及决议案。

由马先生报告最近经济状况。

决议事项如下：

1. 根据院董执行部决议，准自本月份起，职员、工友分别按成酌加临时津贴费。

2. 根据院董执行部决议，病人房膳金决自十二月份起分别酌加。

3. 叶牧师[一]主持之社会服务部十二月份起工作方面稍有变更，服务部人员当多在病房与病人接触，写恩施手续仍交账房办理，病房服务时间规定如下：上午八时至十一时；下午二时半至五时半。每星期工作概况须作书面报告，交院长审核。

4. 根据执行董事建议，本院暂添社会服务部，部务归叶牧师主持，为期六月，一九四〇年一月起，至六月底止。

5. 与长老会教士 Croach（？）君讨医约事，请韩女士寻旧稿作根据，拟订之。

6. 本院前由上海 American Advisory Committee 捐来国，先后共计乙（一）万元，专作救济工作之用。现此款业已用罄，请马先生作成报告。

7. 去年本月赠送各界日历，颇蒙各方赞许，本年决续印，以资分送。

【校记与考释】

〔一〕“叶牧师”，叶运隆，下同，不另出校。

【说 明】此文献现藏于宁波市档案馆，编号：306-1-20。

服务证明书之一（陆秀章）

证明书

陆秀章君，现年二十四岁，浙江省鄞县人，自民国二十六年四月起，任本院爱克司光部技师，特此证明。

华美医院代理院长：丁立成

中华民国二十八年十二月十八日

宁波华美医院缄

【说明】此文献现藏于宁波市档案馆，编号：306-1-19。

到华美医院去

（沙文潮）

“照爱克司光去”……华美医院为谋我们的康健起见，像慈母般的，处处照顾到我们学校里的卫生，以及我们学生体格的强健，很关心的叫我们每一个人都到医院里去照“爱克司光”，验一验我们的身体是否强健。如果有些微恙的话，医院中的医生就会很周到的医治，把我们的身体疗养好。

许多同学已去验过了，他们的身体都很好，但也有少数同学较差一些的，医院里就给他们拍照，轻重以定。

今天是挨到我们一级的一半同学，我也是其中的一份子。由俞老师带领，在校后的姚江乘船到医院里去。

一卷水潮在前面跑，一卷水潮在后面追，追呀！追呀！不断地追。追到岸边，那前面的水潮受了堤岸的打击，回转头来，后面的水潮不得不息一下……于是“后面”的后面也追上了。结果塞住了前后路，不得不在无声中消失了。

我们的船因为逆流，“乌橹乌橹……”地摇得很慢，约莫三四里的路，却摇了半小时。

一座城墙式的高大房子显现在我们的眼前，它的屋顶全是用红瓦筑成。四面有短墙围着，写着“华美医院”四字。短墙的里面，栽着许多绿翳的树木，又有篮球场等。那是多么美丽，而且清洁、雅观、雄壮的医院呀！

既近了院，就跟着俞老师，经过阴暗的走廊，从楼梯上去，到了——我们唯一的目的地——到了。于是我们皆脱去上衣，预备着……

华美医院非但外表壮丽，而且它的里面也是十分的雅洁。院内分男女病室，常有医生或看护去照顾，他们为着要使人们都入康健之道而十分努力的工作着。另外还有医药图书室、化验室、自动电话的引擎室等等。

经过半小时许，二十余位同学大都验好了。只有一位同学，因不大好，医生叫他再仔细验一下，于是由俞老师陪伴着，其余的因恐晚饭赶不着，先回校来。

【说 明】上述报道刊载于《宁波浙东中学校刊》1939 年第 4 卷第 3 期。

毕业证明书存根（李惠章）

证书存根

查学生李惠章，系浙江省鄞县人，现年十九岁，在本院化验技术人员训练班学习二年，考查成绩及格，准予毕业，特给此证。

宁波华美医院院长：丁立成

中华民国二十八年十二月二十五日

【说明】

（一）此存根右侧见一行骑缝字号“化字第四号”，已被截为半字，骑缝字号处钤印一方，仅残一半印文，据相关文献可知，其印文为“宁波华美医院之章”。

（二）此文献现藏于宁波市档案馆，编号：306-1-19。

华美医院俸金房金报告表（1939 年 12 月份）

一九三九年十二月份薪金房金报告表（1939.12.25）

	姓名	薪金	房金		姓名	薪金	房金
医药部	丁立成	$200.00		医药部	王品珍	$22.00	
	洪约翰	$170.00			陆镜玲	$39.50	
	马友芳	$120.00			沈守德	$25.00	
	刘贤良	$100.00	$20.00		高维清	$22.00	
	黄景霞	$90.00			徐莲卿	$15.00	
	张开甫	$50.00			张华英	$13.40	
	俞俊玑	$100.00			杨宏琳	$30.00	
	吕慧贞	$15.00				$1345.90	$20.00
	汪树棠[一]	$15.00		工作部	奚大根	$14.00	
	王南扬	$50.00			张升满	$13.00	
	郑真恩	$20.00			张文政	$13.00	
	张家道	$40.00			冯思荣	$9.00	
	张和卿	$35.00			冯示荣（运）[三]	$8.00	
	李志良	$5.00					
	李惠章	$3.00			任原（元）恩[四]	$8.00	
	陆秀章	$30.00					
	陈树汉	$60.00			高小（孝）魁（奎）	$8.00	
	郑其炳	$36.00					
	章恒方[二]	$30.00			舒文明	$9.50	

续表

	姓名	薪金	房金		姓名	薪金	房金
工作部	袁金绥	$10.00		工作部	张家人	$6.00	
	王福和（和福）〔五〕	$13.50			张家人	$4.00	
	董彼得	$9.50			邬家人	$4.00	
	陈世奎	$13.00			舒家人	$4.00	
	滕阿灿	$9.00			董家人	$4.00	
	王水顺	$8.00			周永生	$8.00	
	徐小定	$8.00			卢殿臣	$8.00	
	郁宏生	$8.00			俞幼陆〔七〕	$16.00	
	林定甫	$12.00			郭梅先〔八〕	$8.00	
	徐杏之	$8.00			郁庆祥〔九〕	$6.50	
	李汉林	$3.99			鲍瑞甫〔一〇〕	$8.00	
	周正水	$10.00			张家恩	$8.00	
	卢绪孝	$29.00			王阿南	$8.00	
	卢绪申	$26.00			邵家人	$4.70	
	戴顺昌	$8.50			王家人	$4.00	
	蔡同坤	$25.00				$418.49	
	吕道明	$5.00		大厨房	刘秀凤	$30.00	
	舒小来	$10.50			陈东财	$16.00	
	张燮生（笙）〔六〕	$8.00			冯阿友	$9.00	
					冯岳琴	$8.00	
	袁家人	$4.00			舒阿三	$8.00	
	刘家人	$6.50			裴祖信	$8.00	

续表

	姓名	薪金	房金		姓名	薪金	房金
大厨房	马才君	$6.00		公益部	周云青	$35.00	
	邬阿康	$8.00			董秀云	$45.00	
	陈富金〔一一〕	$12.00			陈桂芬（棻）	$50.00	
		$105.00			吴慧理	$43.00	
管理部	马时飏	$90.00			吴桂玲	$43.00	
	宋国盛	$25.00				$216.00	
	陈尚升	$25.00					
	洪兆藩	$30.00			房金	$20.00	
		$170.00			俸金	$2246.39	
维持及修理	郁云卿	$70.00			总数	$2266.39OK	
	童春兰	$12.50					
	董阿桂（贵）	$10.50					
	童有福〔一二〕	$3.00					
		$96.00					

附注：

1. 盛阳春女士，十二月半月薪，计十元。

2. 陆镜玲女士，十二月全月，计念（廿）五元，一月份半月，计十二元五角，又夜班计二元。

【校记与考释】

〔一〕“汪树棠”，亦见写作“汪澍棠”，以上诸名均指同一人，下同，不另出校。

〔二〕“章恒方”，亦见写作“章恒房”“章恒芳”，以上诸名均指同一人，下同，不另出校。

〔三〕“荣”，据相关文献校作“运”，下同，不另出校。

〔四〕“原”，据相关文献校作“元”，下同，不另出校。

〔五〕“福和”，据相关文献校作“和福”，下同，不另出校。

〔六〕“生”，据相关文献校作“笙”，下同，不另出校。

〔七〕“俞幼陆”，亦见写作“俞幼六”，以上诸名均指同一人，下同，不另出校。

〔八〕“郭梅先”，亦见写作“郭梅仙”“郭梅显”“郭美先”“郭梅轩”，以上诸名均指同一人，下同，不另出校。

〔九〕“郁庆祥”，亦见写作“郁阿祥”“郁谒祥”，以上诸名均指同一人，下同，不另出校。

〔一〇〕“鲍瑞甫”，亦见写作“鲍瑞夫”，以上诸名均指同一人，下同，不另出校。

〔一一〕“陈富金”，亦见写作“陈富卿”“陈福庆”“陈福金”“陈福卿”，以上诸名均指同一人，下同，不另出校。

〔一二〕“童有福”，亦见写作“童友福”，以上诸名均指同一人，下同，不另出校。

【说 明】现存《华美医院俸金房金报告表（1939 年 1—12 月份）》，限于篇幅，此处仅收录是年 12 月份作参考。此文献现藏于宁波市档案馆，编号：306-1-20。

华美医院非常时期津贴费报告表（1939年12月份）

一九三九年十二〔月〕〔份〕非常时期临时津贴费〔报〕告表

（1939.12.25）〔一〕

	姓名	津贴		姓名	津贴
医药部	丁立成	$60.00	医药部	章恒方	$9.00
	洪约翰	$51.00		王品珍	$6.60
	马友芳	$36.00		陆镜玲	$11.25
	刘贤良	$30.00		沈守德	$7.50
	黄景霞	$27.00		杨宏琳	$9.00
	俞俊玑	$30.00		高维清	$6.60
	张开甫	$15.00		徐莲卿	$6.00
	吕慧贞	$6.00		张华英	$5.36
	汪树棠	$6.00		盛阳春	$4.00
	王南扬	$15.00			$412.81
	郑真恩	$8.00	工作部	奚大根	$5.60
	张家道	$12.00		张升满	$5.20
	张和卿	$10.50		张文政	$5.20
	李志良	$2.00		冯思荣	$3.60
	李惠章	$1.20		冯示荣（运）	$3.20
	陆秀章	$9.00		任原（元）恩	$3.20
	陈树汉	$18.00		高孝魁（奎）	$3.20
	郑其炳	$10.80		舒文明	$3.80

续表

	姓名	津贴		姓名	津贴
工作部	袁金绥	$4.00	工作部	邬家人	$1.60
	王和福	$5.40		舒家人	$1.60
	董彼得	$3.80		董家人	$1.60
	陈世奎	$5.20		周永生	$3.20
	滕阿灿	$3.60		卢殿臣	$3.20
	王水顺	$3.20		俞幼陆	$6.40
	徐小定	$3.20		郭梅先	$3.20
	郁宏生	$3.20		郁庆祥	$2.60
	林定甫	$4.80		鲍瑞甫	$3.20
	徐杏之	$3.20		张家恩	$3.20
	李汉林	$1.59		王阿南	$3.20
	周正水	$4.00		邵家人	$1.60
	卢绪孝	$8.70		王家人	$1.60
	戴顺昌	$3.40			$151.59
	蔡同坤	$7.50	大厨房	刘秀凤	$9.00
	吕道棉	$2.00		陈东才	$6.40
	舒小来	$4.20		冯阿友	$3.60
	张息（燮）生（笙）[二]	$3.20		冯岳琴	$3.20
	袁家人	$1.60		舒阿三	$3.20
	刘家人	$2.60		裴祖信	$3.20
	张家人	$2.40		马才君	$2.40
	张家人	$1.60		邬阿康	$3.20

续表

	姓名	津贴		姓名	津贴
大厨房	陈富金	$4.80	公益部	周云青	$10.50
		$39.00		董秀云	$13.50
管理部	马时飏	$27.00		陈桂芬（菜）	$15.00
	宋国盛	$7.50		吴慧理	$9.90
	陈尚升	$7.50		吴桂林	$9.90
	洪兆藩	$9.00			$58.80
		$51.00	津贴总数		$705.60 OK
维持及修理	郁云卿	$21.00	附注		
	童春兰	$5.00			
	董阿桂（贵）	$4.20			
	童友福	$1.20			
		$31.40			

【校记与考释】

〔一〕“月份”“报”，据文义补，下同，不另出校。

〔二〕“息”，据相关文献校作“燮”，下同，不另出校；“张燮笙”，亦见写作“张锡生”，以上诸名均指同一人，下同，不另出校。

【说 明】现存《华美医院非常时期津贴费报告表（1939 年 11—12 月份）》，限于篇幅，此处仅收录是年 12 月份作参考。此文献现藏于宁波市档案馆，编号：306-1-20。

服务证明书（俞俊玑）

服务证明书

为证明事，兹有俞俊玑医师，年　岁，浙江省鄞县人，曾在上海圣约翰大学医学院毕业有年，现在本院服务，任内科要职，特此证明。

宁波华美医院

中华民国廿八年十二月卅日

宁波华美医院缄

【说 明】此文献现藏于宁波市档案馆，编号：306-1-37，误编入1949年卷宗。

华美医院膳金报告表（1939年12月份）

一九三九年十二月份膳金报告表（1939.12.31）

	姓名	膳金		姓名	膳金
医药部	张开甫	$10.54	医药部	沈定香	$10.54
	汪树棠	$10.54		张素娥	$10.54
	陆秀章	$10.54		陈占梅	$10.54
	张家道	$10.54		陈云华	$10.54
	郑真恩	$10.54		顾霞（灵）恩〔二〕	$10.54
	李惠章	$10.54			
	许国芳〔一〕	$10.54		陈菊采〔三〕	$10.54
	鲁光海	$10.54		崔玉仙	$10.54
	张和卿	$10.54		王秀霞	$10.54
	李志良	$10.54		郑西铭	$10.54
	章恒芳	$10.54		丁玉贞	$10.54
	王品珍	$10.54		焦爱莲	$10.54
	陆镜玲	$10.54		杨雅美	$10.54
	沈守德	$10.54		王恩美	$10.54
	高维清	$10.54		王惠棣	$10.54
	张华英	$10.54		李文英	$10.54
	杨宏琳	$10.54		闻汉珍	$10.54
	吕慧贞	$10.54		徐菊青	$10.54
	胡巧云	$10.54		王秀之（云）	$10.54

续表

	姓名	膳金		姓名	膳金
医药部	干桂凤	$10.54	医药部	沈翠琴	$10.54
	朱秀芬	$10.54		庞慕贤	$10.54
	叶云仙〔四〕	$10.54		艾俊英	$10.54
	李津勋	$10.54		徐莲卿	$10.54
	沈蓉江〔五〕	$10.54		陶莉芳〔七〕	$10.54
	黄玉英〔六〕	$10.54		丁庭训	$10.54
	徐亚先	$10.54		马利（丽）亚（雅）〔八〕	$10.54
	李美云	$10.54			
	毛痕黛	$10.54		汪佳梅〔九〕	$10.54
	毛兰英	$10.54		刘萼梅〔一〇〕	$10.54
	丁玉辉	$10.54		倪金璀	$10.54
	孙宝娥	$10.54		张瑞英	$10.54
	黄荷清	$10.54		陈稚积	$1.02
	金亚珍	$10.54		徐路得	$13.94
	夏德懿	$10.54		胡叔云	$13.94
	刘岭梅	$10.54		金兆德	$13.94
	马乐云	$10.54		顾月秀	$13.94
	张美珠	$10.54		董润兰	$13.94
	高维静	$10.54		郑其炳	$3.40
	林爱棣	$10.54		盛阳春	$5.10
	张韵清	$10.54		鲍美星	$13.94
	彭琼珠	$10.54			$830.96

续表

	姓名	膳金		姓名	膳金
工作部	俞幼陆	$10.54	工作部	王水顺	$10.54
	舒文明	$10.54		卢殿臣	$10.54
	奚大根	$10.54		郭梅先	$10.54
	郑世奎	$10.54		舒小来	$10.54
	吕道明	$10.54		周永生	$10.54
	王和福	$10.54		王阿南	$10.54
	戴顺昌	$10.54		张师母	$10.54
	郁阿祥	$10.54		刘家人	$10.54
	蔡同坤	$10.54		张家人	$10.54
	息（燮）生（笙）	$10.54		舒家人	$10.54
	张信满	$10.54		邬家人	$10.54
	冯司运	$10.54		董家人	$10.54
	冯示荣	$10.54		袁家人	$10.54
	郁宏生	$10.54		姚家人	$10.54
	李汉林	$10.54		董彼得	$13.94
	周正水	$10.54		张文政	$13.94
	徐杏之	$10.54		鲍瑞甫	$13.94
	任原（元）恩	$10.54		王家人	$13.94
	滕阿灿	$10.54		徐孝定	$6.68
	高小（孝）魁（奎）	$10.54			$431.46
			厨房	刘秀凤	$10.54
	林定甫	$10.54		陈东财	$10.54

续表

	姓名	膳金		姓名	膳金
厨房	陈福庆	$10.54	管理部	宋国盛	$10.54
	冯阿友	$10.54		陈尚升	$10.54
	冯岳琴	$10.54		洪兆藩	$10.54
	舒阿三	$10.54			$31.62
	裴祖信	$10.54	公益部	周云青	$10.54
	邬阿康	$10.54		董秀云	$10.54
	莫才君	$10.54		吴慧理	$10.54
	病人 4207	$1529.92		吴桂玲	$10.54
		$1624.78			$42.16
维持修理部	童春兰	$10.54			
	董阿桂（贵）	$10.54	总数		$2992.60 OK
	童有福	$10.54			
		$31.62			

【校记与考释】

〔一〕“许国芳”，亦见写作“许国方”，以上诸名均指同一人，下同，不另出校。

〔二〕“霞”，据相关文献校作“灵”。

〔三〕“陈菊采”，亦见写作“陈菊彩”“陈菊菜”，以上诸名均指同一人，下同，不另出校。

〔四〕“叶云仙”，亦见写作“叶芸仙”“叶运仙”，以上诸名均指同一人，下同，不另出校。

〔五〕“沈蓉江”，亦见写作“沈容江”“沈溶江”，以上诸名均指同一人，下同，不另出校。

〔六〕“黄玉英”，亦见写作“王玉英”，以上诸名均指同一人，下同，不另出校。

〔七〕“陶莉芳”，亦见写作“陶利方”“陶利芳”“陶梨芳”，以上诸名均指同一人，下同，不另出校。

〔八〕“利”，据相关文献校作“丽”；“亚”，据相关文献校作“雅”，下同，不另出校。

〔九〕“汪佳梅”，亦见写作“汪佳美”，以上诸名均指同一人，下同，不另出校。

〔一〇〕“刘莩梅”，亦见写作“刘鹤梅”，以上诸名均指同一人，下同，不另出校。

【说 明】现存《华美医院膳金报告表（1939 年 1—12 月份）》，限于篇幅，此处仅收录是年 12 月份作参考。此文献现藏于宁波市档案馆，编号：306-1-20。

服务证明书之二（陆秀章）

证明书

陆秀章君，现年廿四岁，浙江省鄞县人，自民国廿八年四月起，任本院爱克司光部技师，特此证明。

华美医院院长：丁立成

中华民国廿八年十二月

【说明】此文献现藏于宁波市档案馆，编号：306-1-19。

鄞县政府、华美医院合办城区卫生所第一年年报

中华民国二十八年

第一期

序

甬江为通商巨埠，交通繁盛，人烟稠密。顷岁以还，霍乱流行，疟疾滋蔓，传染病细菌毒害之肆虐，犹如火燎于原，不可扑灭。兵燹水火等祸，凡人率皆知所趋避，独细菌传染病之残害，反多等闲忽之？故卫生之讲究，实有刻不容缓之势。就吾侪日常在院临床所得，目见各种传染病人之繁多，实居内科病人中百分之七十以上。知其受病之原因，以及传染之路径，皆因缺乏卫生常识，泥于不良生活习惯之成见，失察防病祛毒之方法，有以致之，甚至错过治疗时机，竟致不救而冤死。他如学校、商店等公共团体，患肺结核及其他传染病者，比比皆是，然皆罔知防治。恒此以往，不特人类生命短缩之度，犹无尽程，而国家元气势必减削，建设中之人力物力，尤蒙到巨大损失！关系之大，莫属于是。如欲消弭防范，固应一致进行，治标治本，尤当并进不悖，惟有公共卫生之提倡，或可挽狂澜于既倒？吾侪知之有素，行之乏力，拟扩胞与同春之怀，为补救挽回之计。爰与上年疫院结束后，会同县府科长颜公，数度磋商，经前县长陈公宝麟之允准，悉心经营，在疫院草舍旧趾，创立此卫生一所，并拟具简则，呈省核备，开始筹备试办工作。旋陈县长奉命调省，俞县长接篆视事，即刊发图记，拨补经费。自此依据有从，循序而进，于学校卫生，保健工作，尽力以充，简单治疗，预防注射，同时振作。护士学校校长韩碧玲女士以美国人士，同情合作，护士薪水之担负，外科敷料之赠送，予本所以有力之帮助，尤足钦感！顾此蕞尔至微之举，虽难收广博之效，然为着目前非常大时代，肩起医药人员救亡任务为前提，不计寸进之有无，尤

当尽力做到合理而可能之范围，寸累铢积，为努力先锋工作，作甬上防病萌芽，或不无万一之挽救。以一阅年短促之时间，当难有所成就，自无可告之处，惟将一年来工作实施情形，汇集作为报告，以为工作实地之写真。来日方长，后难为继，尤期本府局座予以随时指示！地方人士，有以多加赞助！俾遵循有自，弦配藉资，此不胜馨香祷祝者也。

中华民国二十八年十二月丁立成序于城区卫生所

本所所门正面

本所全体职员[一]

候诊室施行候诊教育

母亲会

本所举办之儿童会

门诊内科诊病

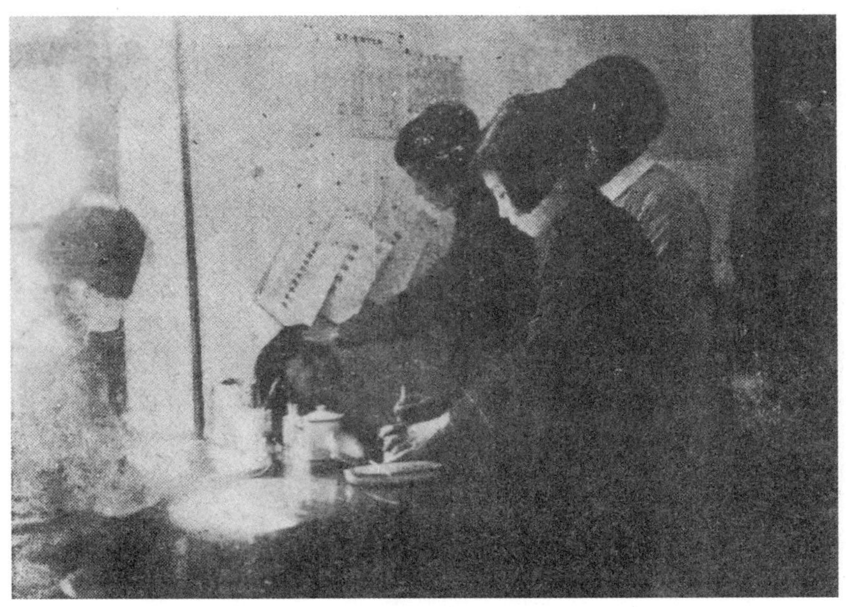

卫生队在卫生室矫治沙眼情形

学校卫生队晨间检查〔二〕

门诊外科室

健康检查测验视力

本所办公室一瞥

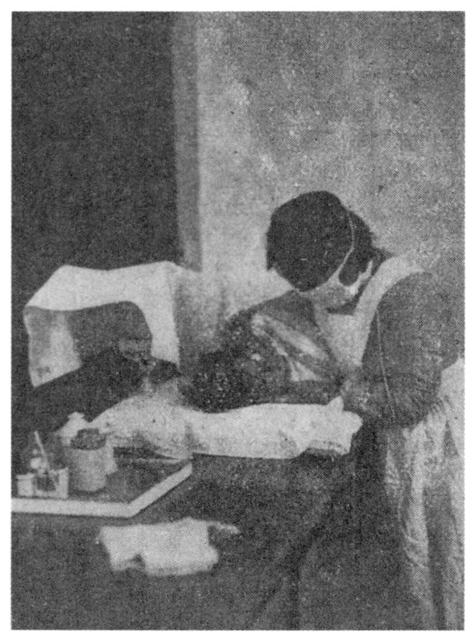

婴儿健康检查

家庭访视

鄞县政府、华美医院合办城区卫生所第一年年报目录

第一章　弁言

本所本官民合作精神，由鄞县政府与华美医院合组而成，为共谋甬市公共卫生之推进，期易治病为防病，实为当前之急务。自成立迄今，已届一年，在此创设之始，只以财力有限，设备简陋，建树毫无，幸一切工作情形，尚能日益增加。全体服务人员，俱各孜孜兀兀，日夜靡间，似觉欣然有味，罔有懈怠诿卸之状。故虽无成绩可言，尤少陨越之咎。谨将本年各项实施工作概况，胪述于下。

第二章　卫生教育

第一节　公开演讲

为要促进群众认识卫生的利益，与不卫生的害处起见，本所在各公众聚集之所，利用公开演讲，灌输切要之卫生常识，使大众注意及之。今年度共举 66 次，计听讲约 5337 人。

地点：在青年会，县西镇镇公所，壮丁班长训练班，平民夜校等处。讲题：如个人卫生，各种传染病预防法，急救法，卫生之利害，并各国卫生状况之统计比较。同时给以传单，并示以图表等件。

第二节 候诊教育

本所为普及卫生知识，特于门诊处，每日举行公开演讲一次。在开诊前集来所就诊之病人于候诊室，灌输医学卫生常识，示以图画之讲解，谕以防病之方法，或给以有关于讲题之各种卫生护理等之单张。本年度开讲 104 次，听讲约 4800 人。

第三节 个人谈话

凡本所就诊病人中，所患疾病之诊治，有需特别指导者，或患传染病者，则有医生护士，分别举行个人谈话。前者予以治疗与护理方法之说明，后者告以预防之重要及隔离护病之处理。此外如学校家庭途内等处，遇有其行动习惯，需要卫生指导者，随时随地，予以个人谈话，促其改进并注意及之。兹将本年度每月举行次数人数列表于下：

本所个人谈话每月比较表

月份	次数	人数	备注
一月	192	287	
二月	102	502	
三月	229	402	
四月	158	282	
五月	258	394	
六月	32	125	
七月	263	344	
八月	125	294	
九月	3003	3003	

续表

月份	次数	人数	备注
十月	3291	3386	
十一月	2481	2724	
十二月	1692	1964	
总计	11628	13707	

第四节　儿童会

卫生之基础，易在儿童时期习惯养成，因此人民之健康行为，有需于幼年时期之诱导，期收幼学壮行之功用。如果有了卫生教育之基础，加以学校间之深造，长成以后，不特自己能把卫生知识完全实施出来，且能真诚促进家庭社会健康之工作。

本所在就近学龄前之儿童，尚未入校肄业者，其家庭环境不良，父母不能教养，征求其家长同意，每星期六来所参加儿童会。本所工作同人，用单元设计法，以演讲、游唱、故事、识字等课程，去灌输儿童卫生常识，以及改良习惯。从事是项工作，尤不难见到这“儿童会”之收效，最显著之例，是一个衣服污秽，状态呆笨之儿童，经过参加数次儿童会后，渐渐由污秽而变清洁，以呆笨而进入活泼之象。此项儿童会会员，每班额定三十名，每六个月更换一班。本年度只完成二班，共开会四十六次。

第五节　母亲会

本所因百端待举，人少事繁，故在过去十阅月中，对于本项工作，实际未遑着手进行，有愿莫偿，诚憾事焉！旋于十一月间添聘医师一人，专任门诊治疗工作，甫于斯时开始实现。因此本年只举行二次，来所参加者计三十二人。

第三章　妇婴卫生

第一节　产前产后检查

今年度关于妇婴卫生工作，因限于人力物力，殊多窒碍难行，致未克全盘做到，结果同华美医院产妇科合作办理，本所只担任访视工作，以及产前检查，产后检查等之劝导，并产妇婴儿之护理。

第二节　婴儿健康检查

规定每星期五为婴儿健康检查日期，前来受检人数犹未踊跃。凡经检查之婴儿，大都由家庭访视中，经一再劝诱而来，自动前来者，几等于无。其中原因，不外下列二点：

一、因时局严重，疏散妇孺，市民妇女多数寄寓乡村，山河相阻，往返不便。

二、有狃于旧习迷信，不肯把婴儿抱出天外，或抱入医院，虽经解释劝导，但言者谆谆，听者藐藐。

本年度除疏散期内，本所因迁乡工作之五、六、七三个月内停止检查外，总计检查二十五次，受检人数计四十七人。

第四章　学校卫生

第一节　办理卫生之学校与学生数目

本所于开始办公之际，即先从学校卫生着手进行。经本所办理学校卫生者，计有中学三校，护士学校一校小学十一校，内有斐德小学一校，本非本所经办之内，旋因该校来函请求，故予以接收办理。今将本年度办理之学校及学生人数，列表于后：

本年度所办理卫生学校名称及学生人数表

校名	学生人数	地址
浙东中学	475	江北岸
三一中学	261	广仁街
甬江女中	197	战船街
护士学校	57	望京路
圣模小学	111	和义路

续表

校名	学生人数	地址
仁德小学	180	双池巷
慕义小学	65	永丰路
觉民小学	199	西门高塘墩
西河沿小学	161	文昌街
北林小学	36	北郊路
贸北小学	78	湾头庙前周
三一小学	151	广仁街
崇信小学	244	江北岸槐树路
崇德小学	191	江北岸槐树路
斐德小学	160	江北岸白沙路
总计	2566	

备注：

自五月间因时局关系，各校奉令疏散，在此疏散期内，各校之卫生工作，不得不暂行停顿。待至八月间，始行恢复。惟内有浙东、三一、西河沿三校，尚未迁回，间有经本所派员前去住校处理，同时加以整顿。

第二节　健康检查

凡属本所办理学校卫生之各校，其全校学生皆由本所举行体格检查一次，以后并订定每一年再行检查一次。其每学期录取之入校新生，亦随时补行检查。其检查手续，大致如下：

一、由本所规定检查日期通知各校，依照规定日期，由教员率领应受检学生来所实施检查。

二、每学期开学之始，由本所将健康检查表送发各学校，将应填之处预为填就，以资应用。实施检查之先，将预先填妥之健康检查记录表，分发受检各生，然后入场检查。其检查之结果，随即将其应得之符号录入记录表中。

三、每校全体学生分几次或一次检查完毕后，即将全校学生体格检查结果之缺点记录，分别抄入统计册内，以便医师护士于矫治缺点时有所根据，同时添缮一份，函送校方存查。

四、检查程序及项目如左：

1. 身长；2. 体重；3. 视力；4. 辨色力；5. 听力；6. 耳病；7. 沙眼；8. 其他眼病；9. 鼻；10. 牙；11 扁桃腺；12. 淋巴腺；13. 甲状腺；14. 营养；15. 皮肤；16. 循环系；17. 呼吸系；18. 胸围；19. 整形外科；20. 脾；21. 疝气；22. 包茎；23. 粪；24. 血。

五、中学校学生之呼吸系，概借华美医院爱克司光，予以透视检查。小学生只有呼吸系概用听肺器检查不同外，其余一律相同。如遇听肺器听有可疑点，需要爱克司光透视时，亦得再予以透视法详为复查。兹将本年度各校检查人数列表于后：

廿八年度各校体格检查人数表

学校名称	应查人数	实查人数
浙东中学	475	387
三一中学	261	204
甬江女中	197	142
护士学校	57	57
圣模小学	111	77
仁德小学	180	106
慕义小学	65	19
觉民小学	199	160
西河沿小学	161	122
北林小学	36	26
鄮北小学	78	62
崇德小学	191	168

学校名称	应查人数	实查人数
三一小学	151	122
崇信小学	244	225
斐德小学	160	120
总计	2566	2027

第三节　矫治缺点

凡学生经体格检查之结果，其有缺点者，即向该生示以疾病缺点之所在，并申说该缺点有碍健康之害处，使其注意！所有发现缺点之各生，根据检查记录统计表之符号，应需矫治者，即当从事设法矫治之。以手术之大小，定矫治之地点，如沙眼、皮肤等就在校内矫治。应施小手术及简易治疗者，得来本所治疗室举行。其他较大手术，本所与华美接洽，转送该院施术医治，予以优待之便利。至于沙眼矫治，各校每星期由本所护士前去矫治一二次外，其余时间着各校卫生队保健股负责按时自行矫治。兹将男女学生缺点分类统计分别示图如下：

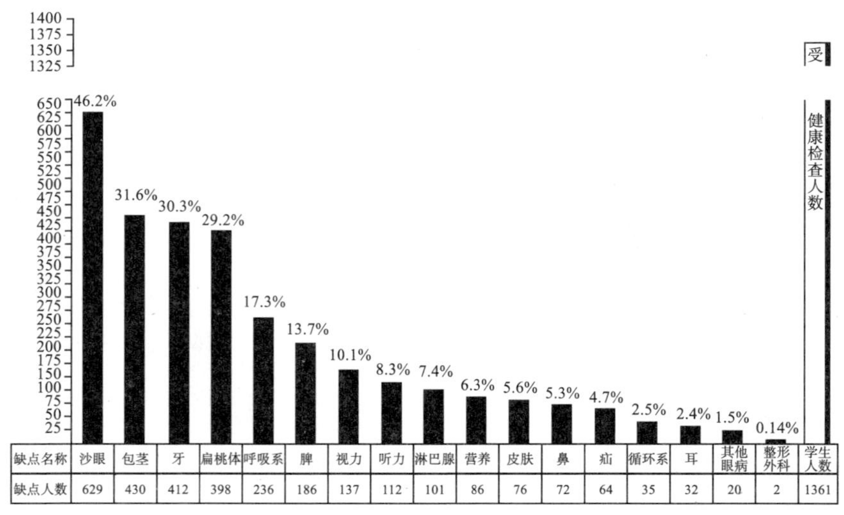

男学生健康检查缺点分类统计图

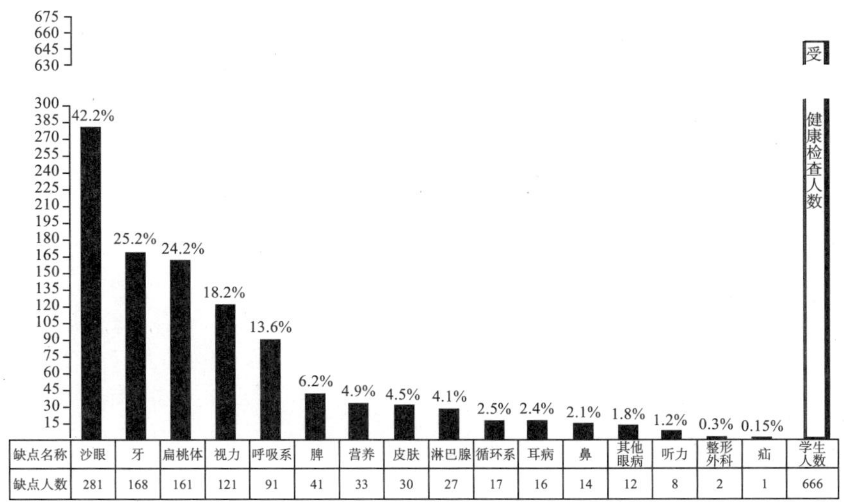

缺点名称	沙眼	牙	扁桃体	视力	呼吸系	脾	营养	皮肤	淋巴腺	循环系	耳病	鼻	其他眼病	听力	整形外科	疝	学生人数
缺点人数	281	168	161	121	91	41	33	30	27	17	16	14	12	8	2	1	666

女学生健康检查缺点分类统计图

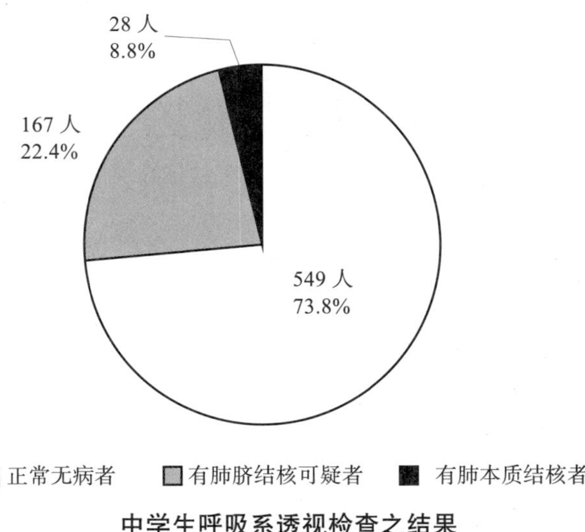

中学生呼吸系透视检查之结果

第四节　卫生队训练

一、训练时间

每星期一次，每次一点钟，训练二学期为一届。

二、训练课程

1. 卫生队的宗旨

2. 卫生队的组织

3. 卫生队的信条

4. 卫生队的工作

5. 晨间检查

6. 身体各种缺点之危害原因以及预防并矫治法

7. 细菌消毒

8. 急救法

9. 绷带术

10. 传染病

三、训练目标

训练卫生队之目标：系使各队长知卫生队组成之意义，明了日常卫生之方法，日常消毒之方法，卫生习惯之养成方法，学校学生各缺点之注意，普通简易治疗手术（急救），传染病预防方法，以及公共卫生之重要等。

四、卫生队组织

以全校学生为一大队，尽属队员，从三年级起，至六年级止，每级选一级队长，每队员六人至十人选一分队长，全校再选一总队长，以卫生室主任为卫生导师，以训育主任为生活导师，以校长为监督，医师护士为卫生顾问。一年级之卫生队员由六年级之卫生队长代为领导，二年级则由五年级之队长代为领导。除各队长办理该队全部卫生事宜外，并将已授训过之学生，选择负责分任各股工作。各股工作暂设如下：

1. 医务股；2. 保健股；3. 宣传股；4. 环境卫生股；5. 统计股。

以上各股每股设股长一人，股员若干人。

第五节　预防接种

各校之预防接种，经本所举行者，分为二种如下：

1. 牛痘接种，凡来所健康检查之各校学生，于受检查完竣之时，即施行牛痘接种。接种之后，即记录于健康检查表后面之预防接种栏内。查阅表上，就了然该生之曾是否接种，故无一漏免之弊。

2. 霍乱伤寒混合疫苗注射，凡属本所办理卫生各校，自四月份起多数由本所派员前去注射上项疫苗。在城各校均经强迫注射，幸各校学生俱能充分明了预防医学之重要，尚无发生困难。兼有各短期小学自动来所注射者亦复不少。

第六节　环境卫生

学校环境卫生实至为急切重要工作，其设施之完善与否，关乎学生健康和学业，至大且巨。本所自开始学校卫生之先，即至各校视察环境卫生卫生状况，考察其有应行改善之处，即与校方商讨办法，在可能范围之内，作初步之改进。以后按期每周至校时，附带视察，以观其清洁情形如何，如有不善之处，随时给予纠正，同时并着该校卫生队环境卫生股，加紧努力负责工作。

第七节　学校诊病

学生遇有疾病，除发给免费证券可来本所门诊处，负责治疗外，并于各校卫生室内，按照规定日期，诊察疾病，由本所主任护士等主持办理，每校每周一次。其余轻微小疾，平时由各校卫生队医疗股遵照本所指定简易适用疗法，按时依法治疗之，普通缺点矫治亦在此时行之。

第八节　家庭访视

本所按时赴各校工作时，遇有学生应病请假，似有患急性传染病嫌疑者，赴其家庭拜访，以检查所患是否传染病，并劝导其从事隔离，以资预防。此外如学生中患有缺点，其家长未肯许可矫治者，亦得至其家庭访视，以事劝导。惟以限于人员，只能于假期中举行之。本年度举行家庭访视计131次，计103人。

第九节　卫生室之成立

查各小学（除中学校外），向无医药卫生设备，今年自经本所一再筹商办理，并代理措置一切事宜，除北林小学外，每校各设卫生室一所，并各购置简要药品多种，以资应用。

第十节　卫生咨询

各校学生，无论是否卫生队负责人员，如有对医药健康等常识问题，遇有□□□需要解答时，得随时书于咨询簿上，由本所护士到校时，逐条详为解答。

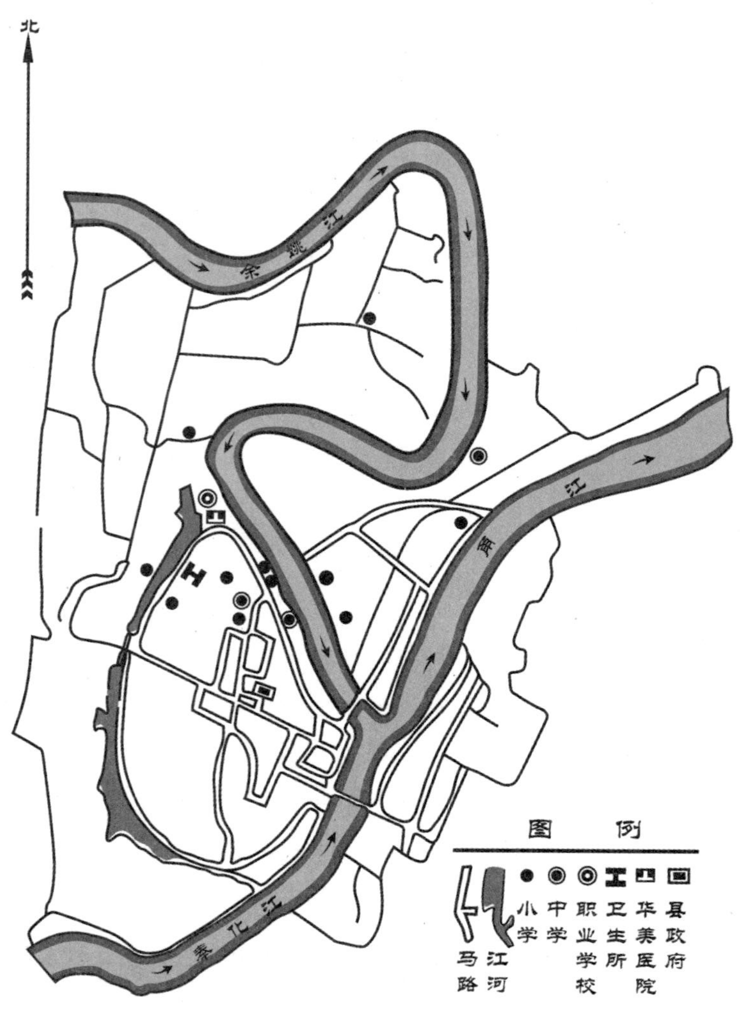

学校卫生分布图

第五章 预防工作

欲曲突之徙薪，宜未雨而绸缪，故预防工作，为从事预防于未病之先，诚属保健事项中，最为重要之工作也。惜乎一般民众，咸狃于旧习，囿于迷信，对于现代科学医学之利益，尚未能明了，不予赞同。就今年本所预防接种而言，除春季牛痘接种，尚踊跃自动来所接种外，如夏季之霍乱伤寒混合疫苗注射时，虽经邀同保甲长，挨户劝导，无奈多数借故推拖，怕打针怕反应者有之，因病因事推托者有之，无故不接种者有之，甚至相率躲避。观乎上述情形，就可知我多数市民，对于卫生知识，犹属薄弱，凡经本所注射三次完竣之一万一千一百四十六人，自会同各镇公所帮忙强迫注射者多。今年县府派员在城乡各处强迫普遍注射，并本所分任加紧工作之后，幸本市霍乱尚少流行，比较上年之疫院人满，无法容纳之滋蔓情形，相差悬殊。其他如白喉、伤寒等预防注射，因疫苗来源不易，尚少推行，故本年度工作不多。兹将各种预防接种人数分男女性别，列表于后：

□种预防接种男女人数表

类别 \ 性别	男	女	合计
接种牛痘	2771	1697	4468
锡克氏试验	18	75	93
白喉类毒素	11	47	58
伤寒疫苗	71	5	76
伤寒霍乱混合注射	6930	4216	11146
总计	9801	6040	15841

第六章 训练工作

（一）华美护士学校公共卫生课堂，由本所担任教授外，该校每月派高级护士二人，轮流来所实习各项卫生工作。

（二）甬江女中担任军护教授，每星期三次，时间为一小时。

（三）本年度尚有救护工作队担任绷带课，青年会救护训练班教授生理卫生课，以上工作均由本所主任前去服务。

第七章　门诊工作

第一节　设立门诊之原因

贫病交迫者，每感医治困难，缠绵床笫，坐令病势沉重。自非积极医药救济之设施，不能使无告之穷黎，脱离病魔，恢复健康。但医药救济费巨事艰，欲期其工作完善，则非本所区区之经费，所能胜任。尤其是值此外来药品价涨飞腾之际，殊非易办，于是只能从事于轻微疾病之诊治与重病之处理。于病人来所求治之时，趁便施以卫生教育，期能收将来预防之效。遇有重病及较大手术者，为之转至华美医院住院治疗，以资慎重而谋妥善。

第二节　诊疗规则

一、诊疗时间

挂号时间上午八时起，至十时止（夏季提早至七时起）。

□□□□上午八时至十二时止。

□□□□定诊外，其他例假照常开诊。

二、门诊手续

凡来所就诊病人，须先在挂号处，报明本人姓名、年龄、性别、籍贯、职业、病类、所在住址门牌号数，经挂号处记录完毕给以号筹。初次就诊者并发给复诊片（永久保存），再至候诊室待诊。至候诊教育演讲完毕，由诊病室叫号并给以病历纸后，依次就诊。

三、门诊纳费

甲：挂号费初诊五分，复诊三分。赤贫者由医师、护士签发免费证一纸，即可免费诊察，其医药费一概免收。本年度计初诊免费 421 人，复诊免费 1029 人。

乙：药费外科一律免收，施术仅收麻药费，内服药酌收。酌收标准按病人经济状况而异，有时仅取成本十分之三四，有时听随病人自愿量力酌给。贫困者一律完全豁免。终之使来所就诊病人，不至因经济关系有碍于治疗疾病焉。今年度计药费完全免收人数 10830 人。

丙：一切预防注射，无须挂号，随到随行注射，一律完全免费。

第三节　开诊情形

一、开诊次数与人数

本所自本年一月份至十二月底止，除六七两月份，因市民疏散往乡作巡回治疗之际，停止门诊外，共开诊 238 次，诊治病人 14573 人，平均每次诊视 61 人强。今将本年门诊病人每月比较表列后：

本所门诊病人数目每月比较表

月份	病人数目		
	男	女	合计
一月	148	226	374
二月	234	258	492
三月	350	477	827
四月	347	464	811
五月	71	59	130
八月	655	403	1058
九月	1623	924	2547
十月	1890	1082	2972
十一月	1952	1115	3067
十二月	1405	890	2295
总计	8675	5898	14573

二、门诊分科病案之大要

本所本年度经诊治病案，共计 15778 例，内中内科病案有 8040 例为最多，外科次之，小儿科又次之，今将本年度本所诊治病案分科逐月比较表列于后：

本所诊疗病案分科逐月比较表

月份 \ 性别 \ 例数 \ 科别		内科	外科	皮肤科	花柳科	小儿科	妇科	牙科	眼科	耳鼻喉	合计
一月	男	19	72	14	4	18		2	27	14	398
	女	34	61	6	1	8	2	3	104	9	
二月	男	63	82	13		7		1	54	22	510
	女	59	94	24		9	2	3	59	18	
三月	男	122	91	88	1	21		3	12	18	846
	女	177	134	80	1	15	12	6	46	19	
四月	男	111	82	59	1	8		3	55	35	822
	女	160	95	34		5	6	3	154	11	
五月	男	28	24	4	1	5		1	11	3	141
	女	22	15	5		8	2	1	6	5	
八月	男	293	193	14	6	29		3	43	37	1095
	女	199	77	20	3	79	3	4	16	13	
九月	男	854	528	11	1	267		4	54	22	2725
	女	615	121	5	2	188		7	23	23	
十月	男	1108	447	32	4	206		4	69	52	3155
	女	754	168	47	3	192	6	5	34	24	
十一月	男	1157	549	171	1	214		4	52	27	3620
	女	852	206	91	3	200	4	4	51	34	
十二月	男	796	486	22	2	144		2	31	23	2466
	女	617	193	21	1	74	5	3	29	17	
总计		8040	3718	761	35	1760	42	66	930	426	15778

医药救济之设施乃在辅导病人，使其能得合理之科学疗法，俾可早日脱离病魔恢复健康，以辅助预防工作之不及也。

第四节　传染病之情形

本所门诊之简单治疗工作中，除霍乱等转诊之传染病不计外，发现传染病病案例数如下：

计脑膜炎一例，白喉三例，痢疾 141 例，肺结核 54 例，疟疾（除小儿科不列入外）2556 例。

综上开之传染病总数，为 2755 例，疟疾要占 2556 例，其数目之高，异乎寻常。惟今年本市疟疾之蔓延，势其猖獗，欲扑灭此扩大流行之疟疾，尤非易事，实为一重大问题。盖有关于市内一切建设及环境卫生至大且巨，非徒消极之治标工作所能奏效也。本所为补救计，曾编印疟疾之防治法传单五千张，分发市民，以促注意。惟查迄今虽天气严寒而复发性之疟疾，仍复不少。今将本年度□□□□□及巡回治疗中经诊之疟疾病案数目，按月份统计列图于后：

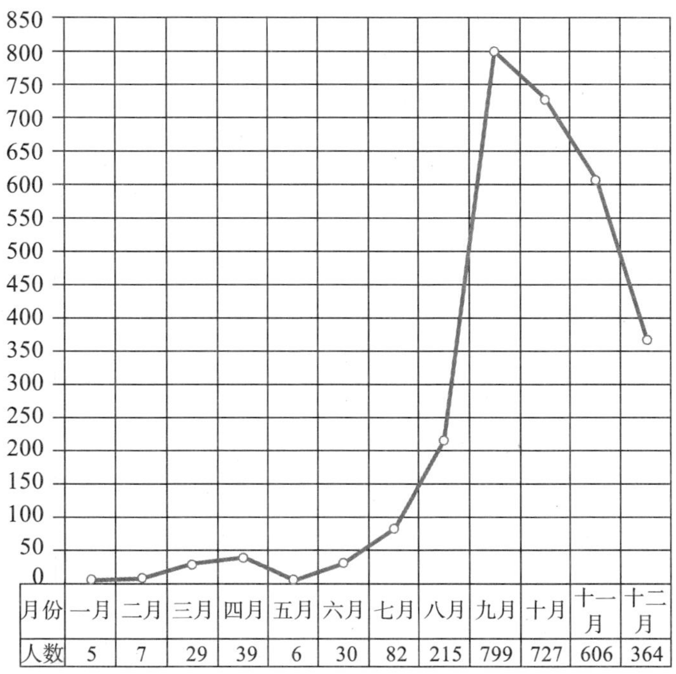

月份	一月	二月	三月	四月	五月	六月	七月	八月	九月	十月	十一月	十二月
人数	5	7	29	39	6	30	82	215	799	727	606	364

二十八年度疟疾病案统计图

第五节 临时检验室之设置

诊治疾病，欲有科学之根据，必需有检验室之检查。本所因所址与华美医院近在咫尺，所有一切检验工作，平素皆由该医院代庖处理，尚感精详便利。不过传递取送，往返未免费时，旋因疟疾病人日益骤增，每日检验血片致数十片之多，检验工作骤形纷繁，为迅捷计，因此设置临时检验室。该室工作，每日由华美医院派员前来负责服务，如是诊断病案，得立即可阅报告，则使患者可免去长时候诊之苦，加惠病家匪尠。

第六节 病人职业之分析

凡来本所就诊病人，系贫苦之妇孺为多数，此辈大半鸠形菜色，污秽不洁，因无经济之能力，平素罹病，不敢问津于医疗机关。闻知来所就医，轻而易举，初作尝试态度，结果因耗费极微之金钱，得脱病魔缠扰之痛苦，始肯相率接踵而来，□设备。兹将本年度病人职业，按初诊记录之分析，列表于下：

病人职业分析表

病人职业	病人数目	百分率
家务	1262	23.39
幼童	1006	18.65
小工（苦力）	719	13.33
失学	527	9.77
小贩	293	5.43
农夫	250	4.63
军警	227	4.21
失业	207	3.84
商	196	3.63
学生	194	3.61

续表

病人职业	病人数目	百分率
车夫	132	2.45
乞丐	86	1.59
仆役	79	1.46
难童	65	1.21
船夫	45	0.84
学徒	37	0.69
难民	25	0.46
教员	13	0.24
工匠	12	0.22
渔夫	11	0.20
僧尼	8	0.15
总计	5394	100.00

附注：本表病人内有366人系在六、七两月疏散，其中巡回治疗中之初诊病人亦列入在内。

第七节　病人之来源

本所因经费关系，未克广为宣传，故在创立之初，知者甚少，病人寥寥。旋由经本所诊治痊愈之病人，互相告知，成为有力之介绍，于是自动来所求治者，日益□三四人而增至一百数十人，是为本所病人之来源。

第八节　医药经费

药品之费用，为本所经常费之一部分，惟预算数目，月支四十元，在开办之上半年，尚有余存。嗣从八月间起，因病人数目激增，除收入抵支外，不敷悬殊，以事实而论，万不能因预算超过太多，限止病人。爰此临时商同华美医院，允以增拨，尽量支用，于是得无碍于病人诊治。

本年度总计支出药品项下二千三百〇一元一角七分，查此项用费中，尚未计及敷料款目，缘本所今年度所有用去敷料，全数由华美医院赠送，（为数不赀），故未列入。只照上开支出数，若仅以五千三百九十四初诊病人计算，每个人平均耗用药费四角二分七弱，按初复诊混合之一万五千〇十三例计算，每一次就诊计需用费一角五分三强。惟上述计算只单就药品而言，如医师、护士薪水等一应用费尚概不在内。

第八章 本所全部经济之概况及全年工作数字

本所全部岁出经费，系根据本所简则之第九条办理。除就治疗部分收入抵支外，由鄞县政府，全年拨补三百六十元，其余由华美医院负担。以有限之经费，作广泛之卫生事业，不得不审慎支用，本所同人，期综核名实，无空耗虚靡，敬事节用二者并重，故每于动用公帑之一丝一毫，亦必求其收效之宏大而后可。本年度除药品印刷用费因情形特殊外，其他项目，对于预算数尚少逾越。兹将本年度预算书及收支对照报告表，缮具于后：

本所二十八年度收入预算书

科目	预算数	说明
第一款岁入经常费	3480.00	
第一项鄞县政府拨补经费	360.00	鄞县政府按月拨补经费三十元，共十二个月，合计如上数。
第二项华美医院补助经费	2760.00	华美医院月约补助二百三十元，共十二个月，合计如上数。
第三项号金药费	360.00	酌收药费月约二十元，号金月约十元，共十二个月，合计如上数。
总计	3480.00	

本所二十八年度经常费支出预算表

科目	预算数		说明
第一款支出经费	项	目	
第一项薪工	2064.00		
第一目职员薪水		1680.00	主任一人，月支六十元；公共卫生护士一人，月支五十元；事务员兼会计一人，月支三十元；共十二个月，合计如上数。
第二目工资		384.00	工役二名，月各支十六元，共十二个月，合计如上数。
第二项药品供品	480.00		
第一目药品供品		480.00	月约支四十元，共十二个月，合计如上数。
第三项办公费	936.00		
第一目印刷文具		240.00	每月约支二十元，共十二个月，合计如上数。
第二目图书		120.00	月约支十元，共十二个月，合计如上数。
第三目车资		192.00	学校卫生家庭访视等工作二人，月支各约计八元，共十二个月，合计如上数。
第四目购置		120.00	添购供用器具物品月支十元，共十二个月，合计如上数。
第五目杂支		240.00	电灯电话燃料消耗，儿童会、母亲会、卫生会议等茶点用费，月支约二十元，共十二个月，合计如上数。
第六目预备费		24.00	
总计	3480.00		

本所二十八年度经常费收支对照表

收入							科目	支出						
万	千	百	十	元	角	分		万	千	百	十	元	角	分
							收入之部							
				5	0	6	滚存							
		3	6	0	0	0	领到鄞县政府拨补经费							
	3	4	8	0	0	0	领到华美医院经费							
		2	2	6	5	0	初诊号费							
		2	5	8	3	0	覆诊号费							
		9	6	8	4	3	药费							
							支出之部							
							薪水		1	8	2	2	0	0
							工资			3	7	6	0	0
							药品		2	3	0	1	1	7
							印刷文具			3	7	4	6	5
							车费				8	1	2	4
							购置				4	8	9	7
							杂支			2	1	3	2	5
							图书				1	8	7	9
							结存现金				6	2	2	2
	5	2	9	8	2	9	合计		5	2	9	8	2	9

工作年报（自二十八年一月一日至十二月末日）

本所二十八年度工作之数字

类别				男	女	总计	类别			次数	人数
治疗工作		初诊人数		2772	2256	5082	诊疗施术次数	发药		11395	9765
		复诊人数		5903	3642	9545		敷药		2404	1738
		合计人数		8675	5898	14573		包扎		3753	2419
	诊疗病数	内科		4551	3489	8040		手术		81	81
		外科		2554	1164	3718		注射		58	58
		皮肤科		428	333	761		转送医院		512	512
		花柳科		21	14	35		总计		18203	14573
		小儿科		982	778	1760	学校卫生	学校所数		15	
		妇科			42	42		学生总数			2566
		产科						环境卫生	视查	76	
									改良	20	
		牙科		27	39	66		健康检查		21	2027
		眼科		408	522	930		矫治缺点		837	20934
		耳鼻喉科		253	173	426		预防接种		14	2093
		总计		9224	6554	15778		传染病视查			
初诊疾病分类	内科	急性传染病	脑膜炎		1	1		传染病隔离			
			白喉	2	1	3		诊病		461	1287
			痢疾	94	47	141		新病人		461	1021
		心病		17	13	30	卫生教育	公开演讲		66	5337
		呼吸系统		140	147	287		个人谈话		11826	13707
		肺结核		25	29	54		候诊教育		104	4800

续表

<table>
<tr><th colspan="3" rowspan="2">类别</th><th colspan="2"></th><th rowspan="2">总计</th><th colspan="3" rowspan="2">类别</th><th rowspan="2">次数</th><th rowspan="2">人数</th></tr>
<tr><th>男</th><th>女</th></tr>
<tr><td rowspan="20">初诊疾病分类</td><td rowspan="3">内科</td><td>疟疾</td><td>1354</td><td>1202</td><td>2556</td><td rowspan="8">卫生教育</td><td colspan="2">班次谈话</td><td>89</td><td>2013</td></tr>
<tr><td>其他寄生虫病</td><td>64</td><td>56</td><td>120</td><td colspan="2">卫生队训练</td><td>279</td><td>7567</td></tr>
<tr><td>其他</td><td>165</td><td>142</td><td>307</td><td colspan="2">母亲会</td><td>2</td><td>30</td></tr>
<tr><td rowspan="5">外科</td><td>外伤</td><td>126</td><td>75</td><td>201</td><td colspan="2">儿童会</td><td>46</td><td>1568</td></tr>
<tr><td>结核</td><td>6</td><td>4</td><td>10</td><td colspan="2">授课</td><td>15</td><td>165</td></tr>
<tr><td>恶性肿瘤</td><td></td><td></td><td></td><td colspan="2">救护训练</td><td>4</td><td>218</td></tr>
<tr><td rowspan="2">其他</td><td rowspan="2">299</td><td rowspan="2">200</td><td rowspan="2">499</td><td rowspan="2">其他</td><td>壁报</td><td>16</td><td></td></tr>
<tr><td>赠送单张</td><td>470</td><td>21904</td></tr>
<tr><td rowspan="2">皮肤科</td><td>疥疮</td><td>102</td><td>75</td><td>177</td><td rowspan="2">保健工作</td><td colspan="2">婴儿健康检查</td><td>23</td><td>47</td></tr>
<tr><td>其他</td><td>46</td><td>49</td><td>95</td><td colspan="2">家庭访视</td><td>96</td><td>84</td></tr>
<tr><td rowspan="3">花柳科</td><td>梅毒</td><td>12</td><td>8</td><td>20</td><td rowspan="3">保健工作</td><td colspan="2">健康检查</td><td></td><td></td></tr>
<tr><td>淋病</td><td>10</td><td>6</td><td>16</td><td colspan="2">砂眼检查</td><td>9</td><td>33</td></tr>
<tr><td>其他</td><td></td><td></td><td></td><td colspan="2">合计</td><td>128</td><td>164</td></tr>
<tr><td colspan="2" rowspan="2">小儿科</td><td rowspan="2">427</td><td rowspan="2">374</td><td rowspan="2">801</td><td rowspan="7">妇婴卫生</td><td rowspan="2">产前检查</td><td>初检</td><td></td><td></td></tr>
<tr><td>复检</td><td></td><td></td></tr>
<tr><td colspan="2">妇科</td><td></td><td>34</td><td>34</td><td colspan="2">产后检查</td><td></td><td></td></tr>
<tr><td rowspan="2">眼科</td><td>沙眼</td><td>64</td><td>79</td><td>143</td><td colspan="2">产后及初生儿护理</td><td>14</td><td>13</td></tr>
<tr><td>其他</td><td>62</td><td>41</td><td>103</td><td colspan="2">婴儿监察</td><td>24</td><td>23</td></tr>
<tr><td rowspan="2">耳鼻喉科</td><td>扁桃腺炎</td><td>21</td><td>16</td><td>37</td><td colspan="2">产前访视</td><td>14</td><td>9</td></tr>
<tr><td>其他</td><td>38</td><td>29</td><td>67</td><td colspan="2">合计</td><td>52</td><td>45</td></tr>
</table>

续表

<table>
<tr><td colspan="3" rowspan="2">类别</td><td colspan="2"></td><td rowspan="2">总计</td><td colspan="2" rowspan="2">类别</td><td rowspan="2">次数</td><td rowspan="2">人数</td></tr>
<tr><td>男</td><td>女</td></tr>
<tr><td rowspan="3">初诊疾病分类</td><td rowspan="2">牙科</td><td>龋齿</td><td>12</td><td>21</td><td>33</td><td></td><td></td><td></td><td></td></tr>
<tr><td>其他</td><td>9</td><td>14</td><td>23</td><td></td><td></td><td></td><td></td></tr>
<tr><td colspan="2">合计</td><td>3095</td><td>2163</td><td>5758</td><td></td><td></td><td></td><td></td></tr>
<tr><td rowspan="6">预防工作</td><td colspan="2">试验锡克氏</td><td>18</td><td>75</td><td>93</td><td></td><td></td><td></td><td></td></tr>
<tr><td colspan="2">种痘</td><td>2771</td><td>1697</td><td>4468</td><td></td><td></td><td></td><td></td></tr>
<tr><td colspan="2">白喉类毒素注射</td><td>11</td><td>47</td><td>58</td><td></td><td></td><td></td><td></td></tr>
<tr><td colspan="2">伤寒预防注射</td><td>71</td><td>5</td><td>76</td><td></td><td></td><td></td><td></td></tr>
<tr><td colspan="2">伤寒霍乱混合注射</td><td>6930</td><td>4216</td><td>11146</td><td></td><td></td><td></td><td></td></tr>
<tr><td colspan="2">合计</td><td>9801</td><td>6040</td><td>15841</td><td></td><td></td><td></td><td></td></tr>
</table>

第九章　附则

本所之简则：

第一条　本简则鄞县政府与华美医院为推行城区公共卫生预防疫病传染起见合组城区卫生所订定之。

第二条　本所设置人员及职权规定如左：

1. 所长一人，主持全所一切事务。

2. 主任一人，秉承所长处理卫生诊疗及其他设计事项，并指挥所内职员分配工作。

3. 公共卫生护士一人，受主任之指挥，襄理卫生工作及诊疗事宜。

4. 助产士一人，受主任之指挥，协办妇婴卫生家庭访视、接生及孕妇产前产后检查事宜。

5. 事务员一人，秉承所长办理文牍、会计、庶务一切事宜。

第三条　本所所列职员由鄞县政府征取华美医院同意后分别委任之。

第四条　本所办理公共卫生事项以城区为范围，先就北郊镇区域试办次第及于其他各镇并兼任一部分学校卫生保健工作。

第五条　本所暂设于北门望京路鄞县临时时疫医院院址。

第六条　本所工作范围暂以左列事项为限，必要时体察情形随时予以扩充。

甲：卫生教育

1. 公开演讲；2. 候诊教育；3. 个人谈话；4. 儿童会；5. 母亲会。

乙：妇婴卫生

1. 产前检查；2. 产前访问；3. 接生；4. 产后及初生儿护理；5. 婴儿监察。

丙：学校卫生

1. 学校卫生队训练；2. 卫生教育；3. 健康检查；4. 环境卫生；5. 缺点矫治；6. 诊病。

丁：预防工作

1. 种痘；2. 疫苗注射

戊：家庭访问

1. 卫生指导；2. 传染病预防；3. 妇婴卫生指导。

己：门诊简单治疗

1. 疾病指导；2. 小儿科、内科、外科、耳鼻眼喉科。

第七条　本所工作休息时间规定如左：

1. 门诊简单治疗每日上午八时至十二时。

2. 儿童会、母亲会所内健康检查以及赴外工作每日下午二时至六时。

3. 接生不限时间。

4. 职员在工作时间无前列各项任务者均应在所处理应办事项。

5. 星期及例假不休息。

第八条　本所对于卫生及治疗部分应行免费及收费办法规定如左：

甲：免费部分

1. 学校卫生；2. 家庭访问；3. 预防工作；4. 孕妇产前检查；5. 产后及初生儿护理。

乙：收费部分

1. 门诊挂号费，初诊五分，复诊三分；2. 药费酌收；3. 接生一元。

第九条　本所支出经费除就治疗收入抵支外，鄞县政府每年拨补三百六十元，余由华美医院负担。

第十条　本所岁出预算每年由鄞县政府会同华美医院订定施行，并报省备案。

第十一条　本所为造就公共卫生人员增加事业效能起见，得酌收练习生若干人，予以严密之训练，经考试及格，由鄞县政府派赴其他乡镇服务。

第十二条　本简则由鄞县政府会同华美医院订定施行，并报省备案修正时同。

本所全体职员姓名录

职别	姓名
华美医院代理院长兼本所所长	丁立成
主任	吴慧理
医师	萧宝丽
公共卫生护士	吴桂玲
事务员	沈屏侯

【图释与校记】

〔一〕此照片居中人物系丁立成。

〔二〕此照片亦刊载于宁波市第二医院编著《世纪华美　厚德鼎新——宁波市第二医院建院 170 周年纪念》，第 70—71 页，并注云："医院倡导全民健康运动"，误。

【说 明】此文献现藏于宁波市档案馆，编号：306-1-20。

1940 年

华美医院院务会议记录（1940.1.5）

院务会议

日期：1940 年 1 月 5 日晚七时半。

地点：本院图书室。

到会者：丁医生、洪医生、郁先生、韩女士及马先生。

缺席者：陈树汉先生。

祈祷：丁医生。

讨论事项：

A. 首由丁院长报告近日各物飞涨，外科病人往往需用换药，以致敷料费所费甚巨，本院为补计应否酌收敷料费。议决：准于本年起外科病人一律酌收敷料费。

B. 本院简章应否刊印，以供病家参考案。议决：准印若干。

C. 本年预算当经全体草就。

【说明】此文献现藏于宁波市档案馆，编号：306-1-22。

服务证明书之一（张开甫）

服务证书

兹有张开甫，自民国廿七年八月一日起，至廿九年一月卅一日止，在本院充任驻院医师，特此证明。

宁波华美医院代理院长：丁立成

中华民国廿九年一月卅一日

【说明】此文献现藏于宁波市档案馆，编号：306-1-22。

沪甬各团体等赶办景升轮惨剧善后

鄞县府组织善后委员会，雇潜水伕赴甬打捞尸体

宁波旅沪同乡会汇款一万元协助救济

宁波驳轮景升号日前驳载谋福轮旅客由宁波至镇海口外登轮，突遭倾覆，发生惨剧后，各方对之颇为关念，鄞县县政府已组织善后委员会，拨款抚恤罹难旅客。宁波旅沪同乡会昨日午后召开执监会议，商讨救济办法。兹分志各情如下：

谋福船员报告详情

谋福轮于昨晨九时一刻到沪，据目击景升轮倾覆沉没情形之谋福轮船员谈，景升轮于二日上午七时载有旅客二百五十余人，由甬启椗驶至镇海口外，登谋福轮来沪。下午一时五十分载回由沪抵镇之德平轮旅客三百余名赴甬，其时正为日机空袭，宁波防空部发出紧急警报，德平旅客即纷纷登岸，而码头上之第二批谋福搭客亦蜂拥跃登于景升驳轮。该船驾驶员正拟掉头开赴对岸暂避空袭，又遭舢板四五十艘所包围，旅客二百余名即由景升左舷攀援而上。而轮上旅客因恐再蹈日前被日机惨炸之甬姚间镇新轮之覆辙，故群情惶惑，秩序混乱。景升轮因倾侧过甚，旋即开始下沉，为时仅三分钟，已全部没于水中，遂演成空前惨剧。搭客均随轮下沉，经打捞结果，已捞获十一名。惟均因落水过久，虽经送中正、华美等医院施救，均已回生乏术，所有尸体已移至四明公所候属认领。

【说明】上述报道刊载于《申报》1940 年 3 月 5 日。

实习证明书（鲁光海）

鲁光海君，浙江省余姚县人，现年廿四岁，自民国廿八年十月一日起，至廿九年三月二十日止，在敝院 X 光训练班实习使用方法，特此证明。

华美医院代理院长：丁立成
中华民国廿九年三月廿日

宁波华美医院缄

【说明】此文献现藏于宁波市档案馆，编号：306-1-22。

通行证明书（鲁光海）

兹有鲁光海君，浙江省余姚县人，今自敝院动身赴金华福音医院任职，恐中途军警误会，因特具函证明。

华美医院

中华民国廿九年三月廿日

宁波华美医院缄

【说明】此文献现藏于宁波市档案馆，编号：306-1-22。

华美医院院务会议记录（1940.5.11）

院务会议

日期：1940 年 5 月 11 日。

地点：本院图书室。

到会者：丁、洪、郁、陈（树汉）及马。

缺席者：韩女士。

祈祷：郁先生。

报告事项：

1. 叶牧师已去，其工作将由陈牧师〔一〕、周云卿、董秀云等三人分任之。

2. 汤默思先生大概十月初可以回甬。

3. 拟设法造职员住处及机房等六、七平间以应目前需要。

【考释】

〔一〕“陈牧师”，即陈桂棻。

【说明】此文献现藏于宁波市档案馆，编号：306-1-22。

华美医院院务会议记录（1940.10.18）

院务会议

日期：一九四〇年十月十八日晚七时一刻。

地点：本院图书室。

到会者：丁医生、洪医生、郁先生、韩女士及马先生。

祈祷：由丁医生祈祷开会。

报告事项：

1. 丁医生报告五月十六日常务董事讨论事项。

2. 汤医生及德惠廉来信。

3. 上海 American Advisory Committee for Civilian Relief 及重庆卫生署救济费事项。

4. 郁先生报告建造平房七间，账目谓共用去国币 $3180.66 元，又修理韩女士住宅用去国币 $604.47 元。

5. 马先生报告目前经济状况，谓截止现时一切欠款清付后约仗（账）[一]经常费 $6500.00 左右，特别款结仗（账）则为 $13785.20 元。

讨论事项：

院长提称，现时米价飞涨，职员、工友生活多有无法维持者，应如何设法办理，请核议案。决议：建议常务董事对不由院方供给膳宿之职员、工友暨其家属，按口给以三元或五元之米贴。

马时飏君提，现在百物腾贵，职工米贴固属急不容缓，普通生活津贴似亦有增益必要，应否一并建议常务董事加以商讨，请核议案。决议：建议常务董事对薪给在廿元以下者再加四成，廿元以上者加二成。

丁院长提，鉴于一般经济趋势，本院挂号、住院及出诊费等应否一律酌增，请核议案。决议：门诊费初诊二角，复诊一角；出诊费：城内六元，城外（江北岸等）八元，白沙等处十元，早晚出诊则倍之。车力（人力车）

二元，早晚加一元。住院费：由七角加至一元，由二元半加至三元，由三元半加至四元，由五元加至六元，由六元加至八元。

丁院长提，浙东中学本届毕业生徐福恩君因会考成绩优异，由教学部保送贵阳国立医院求学，但以家境清寒来函，请本院在进修费项下每年援助若干金，应否照准，请核议。议决：俟徐君觅得妥实保证人后，本会当向院董会建议每年借以 $200.00。

马先生提，鉴于米荒严重，食粮采购匪易，本院应否实行食粮节约，以资挹注案。议决：由本会名义劝令本院职工自明日起改二粥一饭制。

【校记】

〔一〕“仗”，据文义校作“账”，下同，不另出校。

【说明】此文献现藏于宁波市档案馆，编号：306-1-22。

服务证明书之一（吕慧贞）

兹有吕慧贞医师，年二十五岁，鄞县人，今在本院服务，特此证明。

华美医院院长：丁立成

中华民国二十九年十月二十五日

【说明】此文献现藏于宁波市档案馆，编号：306-1-22。

东后街之传染病断系鼠疫，疫区已加封锁

患者卅六人，已死十六人，设立隔离医院加意救治

……

医师谈话

记者为明了□病真相起见，特访问卫生机关及各公私立医院，据华美医院院长丁立成君，据谈，患此疫症前来本院诊视者，曾有八人，但尚未能断定其为真实鼠疫，但观此症死亡甚速，患者多告不治，已决定一种极厉害之疫症，除鼠疫外，并无如此之烈。今日上午（指昨日）曾将患疫者淋巴腺之血液，抽取少许，注射于嗬囒鼠内，观其有何反应，但迄晚尚未死去，其所含毒菌，尚未检出。不过此症，实类鼠疫云。又云医治鼠疫，东西各国，尚无专药发明，注射鼠疫血清（Plague Vaccin）亦不过减少传染云云……

【说明】上述报道刊载于《时事公报》1940 年 11 月 4 日。

卫生人员总动员扑灭鼠疫，消毒工作今日完成

疫区六十九户熏蒸十二小时，今日由工务队扫除死鼠秽物，

设“乙”隔离院收容疫患嫌疑人

……

此次传染疫症，中心、华美两医院，于昨日□明，确为鼠疫……

【说明】上述报道刊载于《时事公报（防疫专辑）》1940 年 11 月 5 日。

鄞鼠疫遏止有望，防疫处昨日成立

一周来计死亡四十七人，省防疫队今日可到

……

工作人员分别派定

防疫处除处长由本县俞县长自行兼任外，并派章鸿宾为副处长，张方庆为防治组组长，丁立成为副组长……

【说明】上述报道刊载于《时事公报》1940 年 11 月 7 日。

宁波发现鼠疫

化验证实死亡逾二十人，沪甬一衣带水颇堪重视

宁波最近突发现鼠疫，势甚猛烈。查鼠疫为疫性最烈之法定传染病，世界各国对该症均视为洪水猛虎，沪甬既一衣带水，殊堪重视。大通社记者兹探录各情如次：

发现鼠疫

据大通社记者探悉，宁波之发现鼠疫症，系在上月三十日，其区域在城厢开明桥、东后街一带，染者死亡相继，前后逾二十人。当地政府机关发觉后，即封锁该段交通，以资隔离。一面设立临时隔离医院及防疫办事处，对于疫区房屋均实行火熏，以期根绝鼠蚤。

检验证实

宁波城区各戏院亦因而停演，以防染疫者之混入传播疫菌，同时并请省方拨派卫生队来甬协助扑救。至染疫者之血液，业经宁波华美医院实施化验，系将血管注入一头荷兰鼠腹体内，结果该鼠未满二十四小时即行毙命，故其为真性鼠疫，已毫无疑。

封锁交通

鄞县政府为此事，特出布告云：查本县县东镇开明街及唐搭（塔）〔一〕镇、东后街一段，上月三十日起，发现鼠疫，且蔓延甚烈，三日内不治而死者已近二十人，而该鼠疫区地处热闹，若不从速扑灭，将至不可收拾，兹特会同宁波警察局，划定下开地区为封锁实施防治区域内，在疫区内，一律不准出入，事关疫政，希各民众切实遵照。鼠疫封锁区域：（1）中山东路—开明街至太平巷；（2）开明街—中山东路至关帝巷；（3）太平巷—中

山东路至东后街。

【校记】

〔一〕“搭”，据相关文献校作“塔”。

【说明】上述报道刊载于《申报》1940 年 11 月 7 日。

防疫队与省卫生处协力防治鄞鼠疫

省处长陈万里昨与中防队同来，携有大量疫苗足供三万人注射
……

叶队长偕同鄞防疫处工作人员倪维熊、汪殿章、丁立成等，赴南郊老龙湾掩埋场视察，对于消毒隔离等工作，有所改进……

【说 明】上述报道刊载于《时事公报》1940 年 11 月 11 日。

彻底清除鼠疫，成立疫区善后会

限五天内完成调查登记工作，老龙湾掩埋场设备决加改进

……

陈处长指示

陈万里氏在会议席上训词云："省方对于宁波发生鼠疫非常关切，因为鼠疫较任何病症为危险，以是俞县长回甬之际，省方即派王科长先来，以便即行协助工作。兄弟到甬后，印象极为良好，因为县府章秘书及丁〔一〕、张二院长等，对于防治鼠疫工作，已有严密计划，必需工作皆已次第进行，且甚迅速，这是值得欣喜的事……"

【校记与考释】

〔一〕"丁"，丁立成，下同，不另出校。

【说 明】上述报道刊载于《时事公报》1940 年 11 月 12 日。

防疫处决筹五十万，办理疫区善后

容留病人处所无法消毒者，将予拆造或焚毁以求彻底

……

鄞县防疫处昨在县府会议室开第七次会议，出席各组组长、各股股长、各队队长及工作人员等，列席省卫生处处长陈万里，主席章鸿宾报告工作情形，经讨论决议要案：

……

（6）筹设甲、丙部隔离医院，丁、张两院长及倪科长勘验地址，如有相当处所可以利用则利用，否则拟择地建造，由工务组主其事。

……

【说 明】上述报道刊载于《时事公报》1940 年 11 月 14 日。

鄞疫区善后会办理区内居民登记

邮电等公用物件撤回消毒，勘定董孝子庙为隔离医院

……

四、推张院长、丁院长、倪科长负责筹办董孝子庙隔离病院甲、丙两部。

……

【说 明】上述报道刊载于《时事公报》1940 年 11 月 15 日。

鄞防疫处设立防疫经费筹募会

聘金廷荪、竺梅先、周大烈为正副主席，

疫区移出物品定廿六日前消毒完竣

……

善后委会加聘委员

疫区善后委员会于昨晚七时在县东镇公所召开第三次会议，出席姜伯喈（唐盾代）、倪维熊、吴复礼、张方庆、丁立成、孙金铭（鉐）〔一〕、徐玉麟及各□□委员等，由毛稼生主席报告：1. 调查登记即可结束。2. 业经加聘丁立成、张方庆、孙金铭（鉐）、姜伯喈、徐玉麟、李贤钊、洪宸笙、□□□、章鸿宾、倪维熊、徐子□、吴复礼为委员……次讨论：一、疫区住户□□状况调查登记，即日竣事，请推员审查案。决议：1. 推丁委员立成、张委员方庆、孙委员金铭（鉐）负责办理。2. 限三日内审查竣事……

【校记】

〔一〕“铭”，据相关文献校作“鉐”，下同，不另出校。

【说明】上述报道刊载于《时事公报》1940 年 11 月 17 日。

鄞疫患即可肃清

防疫处致力消毒工作

……疫区消毒需用大批硫磺（黄），托华美医院登记征购……

【说 明】上述报道刊载于《时事公报》1940 年 11 月 18 日。

鄞疫势已戢，疫区居民今日出院

未经启封房屋不得擅入居住，推员验收消毒灶及隔院工程

……

1. 推毛稼生、丁立成二君验收消毒灶间及病院等工程。

……

5. 曾有疫病人居住或死亡之房屋，业经初步消毒发封，是否可予启封。推张方庆、丁立成及军政部第四防疫分处工程师高惠民、技士张学渠二君商讨检查决定。

……

【说明】上述报道刊载于《时事公报》1940 年 11 月 20 日。

鄞防疫处举行防治鼠疫展览

下月一日起地点在青年会

鄞县防疫处昨日（二十七日）在县政府会议室开第十八次会议，由中央防疫队叶队长列席，出席者各组长、股长、队长等共廿余人。由俞兼处长主席，兹将会议内容采录如下：

（甲）报告事项

……

（乙）讨论事项

……

二、隔离病院预算业由卫生院□定，推丁立成、倪德昭二君审查后，再行□会核□，经费在募起防疫经费内开支。

……

又讯，本埠初次发生鼠疫，为害之烈，前所未有，市民对于鼠疫病因，多不明了，且有迷信鬼神之说，对于卫生毫不关心。鄞县卫生院及宁波青年会有鉴于此，特发起防治鼠疫展览会，得各方赞同协助，定十二月一日在青年会大礼堂举行三天。日间展览各种展览品，多由中央防疫队及中心医院、华美医院之协助供给，有各种图表、鼠疫细菌标本、防疫药物、疫尸埋葬模型，品类繁多，不及细载。

【说明】上述报道刊载于《时事公报》1940 年 11 月 28 日。

华美医院院务会议记录（1940.12.4）

院务会议

日期：一九四〇年十二月四日上午十时。

地点：图书室。

到会者：丁院长、洪医生、韩女士、郁先生、马先生。

祈祷：郁先生。

报告：由丁医生报告本院工友徐杏之〔一〕患鼠疫病逝经过。

讨论及议决事项：

1. 停止新旧病人出入一星期，俾在院内进行消毒工作，至十二月十号后照常开放。

2. 今晚召集全体同工在礼堂，由院长报告本会决议案及说明预防种种之必要措施。

3. 此后本院工作人员不准在外再兼其他副业。

4. 工作人员在此隔离期间内不能出外。

5. 本日起门诊改在草房子继续，医生、护士及职工前去时均须穿戴隔离衣帽。

6. 徐杏之身故，决按成例给其家属以四个月薪金（按伊来院约三年）。此外医院当代行购置棺木等。又伊小店火化，本院当酌给二百元之优厚损失费。以上各费均当由职员幸福金项下拨付之。

【校记与考释】

〔一〕“徐杏之”，亦见写作“徐行知”“徐安行”，以上诸名均指同一人，下同，不另出校。徐杏之，男，49岁，鄞县人，12月1日发病，2日死亡，系华美医院工友。

【说明】此文献现藏于宁波市档案馆，编号：306-1-22。

鄞县鼠疫扑灭

本报五日鄞县电：鄞县鼠疫区于上月三十一日火毁后，二日又有华美医院工役徐行知染疫死亡，该疫曾受注射二次，死后经验系腺鼠疫，现院方已将其寓所焚毁，此外未见传染。

【说明】上述报道刊载于《东南日报》1940 年 12 月 6 日。

现阶段鄞县食粮的自救方策

（丁立成医师）

增加生产，节省消费，食粥适合卫生，有益健康

现阶段吾甬食粮自救之方策，不外使生产之增加，消费之限制。生产之方无他，即尽垦生谷之土，尽出水利之泽。□一隙□之荒废，无一农民之游食：选择优良种子，借给良好肥料，改善栽培方法，增进农田水利，普遍造林运动，以预防水旱虫灾，禁植药材烟叶，利用山地旱田，多种杂粮等初步实施，均为当务之急。观乎宁属一带，占肥田而荒废，使生产低落者，□首推坟墓。此种陋习，不特有碍观瞻，尤为减削食粮生产之一大原因。如能革除□习，迁柩于山，建筑公墓，则栗足可待，是为不□之事实。此吾之附带□生产，仅为荦荦大者，非敢贡诸参考，仅可引玉耳。

次□节约。节约食粮之方，当根据科学之原则，合理之消费。除限制酿酒，制年糕之外，首当促进□良平素之食法。不佞在医言医，依据生理之学说，对于食法，□供□见如下饮食之适宜与否，对于健康有密切之关系。要知食是人体各部组织上所不可缺少之营养素，过多与不及，咸有碍于健康。吾南方及鄞地人士，日食三餐，偏重米饭，每人每日耗米至一升之多。按诸生理之需要，实□淀粉过多之弊，过多则使胃肠发生消化障碍，因而未经吸收作用，□自大便排去，胃肠徒苦其烦，各部组织仍未获相当营养之要素，匪特为极不经济之消费，甚且废物质储于其中，以成致病之原。盖吾人生理上需要之营养素，除淀粉之外，当推蛋白质与脂肪，凡人体上所有血肉乳骨等各种组织，蛋白质为主要成分，是生活之本源，脂肪是供给“能”之本源。此类营养素，多具于其他动物性及植物性之食物中。例如黄豆是富□蛋白质、脂肪、淀粉等成分，白菜是维生素甲、乙、丙三种俱全之良品。此种富有营养之食品，一般民众多贱□之而不乐于啖，未免可惜。惟食量之适当，为摄生之要道，已在前面言之。今欲矫

□食物过量之弊，最好改食二粥一饭制，即早晚食粥，中午吃饭是也。至于粥之种类与煮法，可分列如下：

一、用米煮粥，并采用动物以辅佐之。例如鸡肉粥、猪肉粥、羊肉粥、火腿粥、肉骨□粥等。味既鲜而适口，营养亦合理亦丰富。

二、以植物混合为主体。例如黄豆粥、麦粥、番薯粥、芋艿粥、红枣粥、莲子粥、花生粥、赤豆粥之类。每粥之中，加以食盐或糖少许，即成一合理无上之食品，对于营养经济，两面顾到。

□能照此实施，一则可使肠胃缺少工作，消化易而吸收良，一则食品合于生理需要，无过与不及之弊。在节约之中得进健康之路，诚一举而数善备矣，幸勿以平淡无奇而忽之焉。

【说明】上述报道刊载于《时事公报》1940 年 12 月 6 日。

服务证明书之二（吕慧贞）

Telegraphic Address:
Hwameihos-Ningpo

宁波华美医院
Hwa Mei Hospital
Ningpo, China

兹有吕慧贞，鄞县人，年二十五岁，自民国二十八年十月十五日起，至二十九年十二月十五日止，在上开期内任本院实习医师，特此证明。

华美医院代理院长：丁立成
中华民国二十九年十二月十五日
宁波华美医院缄

【说明】此文献现藏于宁波市档案馆，编号：306-1-22。

华美医院俸金房金报告表（1940 年 12 月份）

一九四十年十二月份薪金房金报告表（1940.12.25）

	姓名	薪金	〔房〕〔金〕[四]		姓名	膳金	〔房〕〔金〕
医药部	丁立成	$200.00		医药部	章恒芳	$30.00	
	洪约翰	$170.00			盛阳春	$30.00	
	马友芳	$120.00			刁作勤	$30.00	
	刘贤良	$110.00	$20.00		沈守德	$10.00	
	黄景霞	$90.00			徐莲卿	$20.00	
	俞俊玑	$110.00			卢预恩[二]	$25.00	
	周锦铭	$15.00			夏德懿	$30.00	
	金以成[一]	$15.00			张素娥	$25.00	
	吕慧贞	$15.00			刘岭梅	$25.00	
	沈恢民	$15.00			邢永昌	$25.00	
	张和卿	$40.00			马乐运	$30.00	
	郑真恩	$30.00			余永琦	$30.00	
	陆秀章	$30.00			钱国治（治国）[三]	$30.00	
	李惠章	$15.00			吴月祥	$70.00	
	李志良	$10.00				$1468.00	$20.00
	许国芳	$3.00		工作部	奚大根	$14.00	
	杨宏琳	$40.00			张升满	$13.00	
	郑其炳	$30.00			张文政	$14.00	

续表

	姓名	膳金	〔房〕〔金〕		姓名	膳金	〔房〕〔金〕
工作部	冯时荣	$9.00		工作部	王阿南	$8.00	
	高孝魁（奎）	$10.00			舒阿英	$4.00	
	舒文明	$9.50			邬阿翠	$4.00	
	王和福	$13.50			张徐氏	$4.00	
	董彼得	$9.50			张凤英	$7.00	
	陈世奎	$13.00			刘桂仙	$6.50	
	滕阿灿	$9.00			林定甫	$13.00	
	王水顺	$9.00			袁锡英	$4.00	
	郁宏生	$10.00			徐福良	$9.00	
	谢芝香[五]	$8.00			陶玉法	$8.00	
	李汉林	$8.00			李阿宝	$8.00	
	周正水	$10.00			王仁玉	$8.00	
	卢绪孝	$23.00			裴荷英	$4.00	
	卢绪申	$20.00			滕珍文	$4.00	
	蔡同坤	$28.00			张恩姐	$4.00	
	舒小来	$10.50			舒阿三	$8.00	
	戴顺昌	$9.50			奚大炳	$8.00	
	吕道明	$6.00			忻凤音[六]	$4.00	
	张燮生（笙）	$10.00			刘阿三	$14.00	
	卢殿臣	$9.00			任原（元）恩	$9.00	
	郭梅先	$8.00				$430.00	
	郁庆祥	$8.00					

续表

	姓名	膳金	〔房〕〔金〕		姓名	膳金	〔房〕〔金〕
大厨房	刘秀凤	$30.00		维持及修理部	郁云卿	$70.00	
	陈东财	$16.00			张益生	$27.00	
	陈富金	$12.00			童春兰	$12.50	
	冯阿友	$9.00			董阿桂（贵）	$10.50	
	冯岳琴	$8.00				$120.00	
	裴祖信	$8.00		公益部	陈桂芬（菜）	$50.00	
	邬阿康	$8.00			周云青	$35.00	
	莫才君	$6.00			吴桂玲	$50.00	
		$97.00			董秀云	$45.00	
管理部	马时飏	$100.00				$180.00	
	洪兆藩	$35.00		总数	房金	$20.00	
	陈尚升	$30.00			俸金	$2393.00	
	宋国盛	$30.00			Total	$2413.00	
		$195.00			附注	OK □□□	

【校记与考释】

〔一〕“金以成”，亦见写作“金贻成”，以上诸名均指同一人，下同，不另出校。

〔二〕“卢预恩”，亦见写作“卢豫恩”，以上诸名均指同一人，下同，不另出校。

〔三〕“国治”，据相关文献校作“治国”，下同，不另出校。

〔四〕“房金”，据相关文献补，下同，不另出校。

〔五〕“谢芝香”，亦见写作“谢志香”，以上诸名均指同一人，下同，不另出校。

〔六〕“忻凤音”，亦见写作“忻凤英”“冯忻凤英”，以上诸名均指同一人，下同，不另出校。

【说 明】现存《华美医院俸金房金报告表（1940年1—12月份）》，限于篇幅，此处仅收录是年12月份作参考。此文献现藏于宁波市档案馆，编号：306-1-22。

华美医院非常时期津贴费报告表（1940年12月份）

一九四十年十二月份非常时期津贴费报告表（1940.12.25）

	姓名	津贴		姓名	津贴
医药部	丁立成	$100.00	医药部	章恒芳	$15.00
	洪约翰	$85.00		盛阳春	$15.00
	马友芳	$60.00		刁作勤	$15.00
	刘贤良	$55.00		徐莲卿	$16.00
	俞俊玑	$55.00		卢预恩	$12.50
	黄景霞	$45.00		夏德懿	$15.00
	吕慧贞	$12.00		张素娥	$12.50
	金以成	$12.00		刘岭梅	$12.50
	沈恢民	$12.00		邢永昌	$12.50
	周锦铭	$12.00		马乐运	$12.50
	张和卿	$20.00		余永琦	$15.00
	郑真恩	$15.00		钱治国	$15.00
	陆秀章	$15.00			$723.90
	李惠章	$12.00	工作部	奚大根	$11.20
	李志良	$8.00		张升满	$10.40
	许国芳	$2.40		张文政	$11.20
	杨宏琳	$20.00		冯时荣	$7.20
	郑其炳	$15.00		任原（元）恩	$7.20

续表

	姓名	津贴		姓名	津贴
工作部	高孝魁（奎）	$8.00	工作部	邬阿翠	$3.20
	舒文明	$7.60		张徐氏	$3.20
	王和福	$10.80		张凤英	$5.60
	董彼得	$7.60		刘桂仙	$5.20
	陈世奎	$10.40		林定甫	$10.40
	滕阿灿	$7.20		袁锡英	$3.20
	王水顺	$7.20		徐福良	$7.20
	郁宏生	$8.00		陶玉法	$6.40
	谢芝香	$6.40		李阿宝	$6.40
	李汉林	$6.40		王仁玉	$6.40
	周正水	$8.00		裴荷英	$3.20
	卢绪孝	$11.50		滕珍文	$3.20
	卢绪申	$16.00		张恩姐	$3.20
	蔡同坤	$14.00		舒阿三	$6.40
	舒小来	$8.40		奚大炳	$6.40
	戴顺昌	$7.60		忻凤音	$3.20
	吕道绵	$4.80		刘阿三	$11.20
	张燮生（笙）	$8.00			$328.70
	卢殿臣	$7.20	大厨房	刘秀凤	$15.00
	郭梅先	$6.40		陈东财	$12.80
	郁庆祥	$6.40		陈富金	$9.60
	王阿南	$6.40		冯岳琴	$6.40
	舒阿英	$3.20		冯阿友	$7.20

续表

	姓名	津贴		姓名	津贴
大厨房	裴祖信	$6.40	维持及修理部	郁云卿	$35.00
	邬阿康	$6.40		童春兰	$10.00
	莫才君	$4.80		董阿桂（贵）	$8.40
		$68.60			$53.40
管理部	马时飏	$50.00	公益部	陈桂芬（菜）	$25.00
	洪兆藩	$17.50		吴桂玲	$25.00
	陈尚升	$15.00		董秀云	$22.50
	宋国盛	$15.00		周云青	$17.50
		$97.50			$90.00
			总数	津贴费	$1293.50
				附注	OK □□□

【说 明】现存《华美医院非常时期津贴费报告表（1940 年 1—12 月份）》，限于篇幅，此处仅收录是年 12 月份作参考。此文献现藏于宁波市档案馆，编号：306-1-22。

华美医院非常时期婴儿津贴费报告表（1940年12月份）

一九四十年十二月份婴儿膳金津贴（1940.12.25）

	姓名	薪金（津贴）〔一〕		姓名	薪金（津贴）
医药部	丁立成	$20.00	工作部	王水顺	$10.00
	洪约翰	$20.00		郁宏生	$15.00
	马友芳	$20.00		谢芝香	$10.00
	刘贤良	$25.00		周正水	$5.00
	俞俊玑	$5.00		卢绪孝	$20.00
	黄景霞	$10.00		卢绪申	$10.00
	张和卿	$15.00		蔡同坤	$10.00
	郑其炳	$10.00		戴顺昌	$5.00
		$125.00		吕道绵	$10.00
工作部	张升满	$5.00		张燮生（笙）	$10.00
	张文政	$5.00		卢殿臣	$10.00
	冯时荣	$5.00		王阿南	$15.00
	任原（元）恩	$20.00		邬阿翠	$5.00
	高孝魁（奎）	$5.00		张徐氏	$5.00
	舒文明	$15.00		张凤音	$5.00
	王和福	$15.00		袁锡英	$5.00
	滕阿灿	$5.00		张恩姐	$15.00

续表

	姓名	薪金（津贴）		姓名	薪金（津贴）
工作部	奚大炳	$5.00	维持及修理部	郁云卿	$25.00
	忻凤音	$10.00		张益生	$15.00
	刘阿三	$5.00			$40.00
		$260.00			
大厨部	刘秀凤	$5.00	公益部	周云青	$10.00
	陈东财	$20.00		陈桂芬（菜）	$10.00
	陈富金	$5.00		董秀云	$5.00
	冯岳琴	$15.00			$25.00
		$45.00			
管理部	马时飏	$15.00	总数	小人膳金津贴	$510.00
		$15.00		附注	OK □□□

【校记】

〔一〕“薪金”，据文义校作“津贴”，下同，不另出校。

【说明】现存《华美医院非常时期婴儿津贴费报告表（1940 年 11—12 月份）》，限于篇幅，此处仅收录是年 12 月份作参考。此文献现藏于宁波市档案馆，编号：306-1-22。

华美医院膳金报告表（1940 年 12 月份）

一九四十年十二月份膳金报告表（1940.12.31）

	姓名	膳金		姓名	膳金
医药部	金以成	$23.25	医药部	沈定香	$23.25
	周锦铭	$23.25		黄荷清	$23.25
	张和卿	$23.25		金亚珍	$23.25
	李志良	$23.25		丁玉辉	$23.25
	陆守（秀）章[一]	$23.25		毛痕黛	$23.25
	李惠章	$23.25		毛兰英	$23.25
	郑真恩	$23.25		王秀霞	$23.25
	许国芳	$23.25		彭琼珠	$23.25
	张家道	$23.25		艾俊英	$23.25
	郑其炳	$23.25		王恩美	$23.25
	沈恢民	$23.25		李美云	$23.25
	盛阳春	$23.25		胡叔云	$23.25
	刁作勤	$23.25		徐亚先	$23.25
	沈守德	$23.25		顾灵恩	$23.25
	张素娥	$23.25		陈云华	$23.25
	夏德意	$23.25		金兆德	$23.25
	刘岭梅	$23.25		丁玉贞	$23.25
	卢预恩	$23.25		顾月秀	$23.25
	徐莲卿	$23.25		杨雅美	$23.25

续表

	姓名	膳金		姓名	膳金
医药部	董润兰	$23.25	医药部	应锡华	$23.25
	李文英	$23.25		夏佩雄	$23.25
	干桂凤	$23.25		胡秀英	$23.25
	高维静	$23.25		章壁臣[二]	$23.25
	林爱棣	$23.25		钱治国	$19.50
	张韵清	$23.25		刘映波	$19.50
	庞慕贤	$23.25		吴月祥	$14.25
	闻汉珍	$23.25		马乐运	$30.75
	焦爱莲	$23.25		崔玉仙	$30.75
	王秀之（云）	$23.25		郑西铭	$30.75
	汪佳梅	$23.25		丁庭训	$30.75
	倪金璀	$23.25		马利（丽）亚（雅）	$30.75
	沈蓉江	$23.25		陈菊采	$30.75
	李津勋	$23.25		邢永昌	$5.25
	黄玉英	$23.25		徐菊青	$7.50
	陶梨芳	$23.25		吕慧贞	$11.25
	刘萼梅	$23.25			$1773.00
	朱秀芬	$23.25	工作部	奚大根	$23.25
	叶运仙	$23.25		张升满	$23.25
	张瑞英	$23.25		张文政	$23.25
	史益华	$23.25		郑世奎	$23.25
	王秀珠	$23.25		吕道绵	$23.25
	倪素心	$23.25		王和福	$23.25

续表

	姓名	膳金		姓名	膳金
工作部	戴顺昌	$23.25	工作部	张徐氏	$23.25
	蔡同坤	$23.25		刘桂仙	$23.25
	张燮生（笙）	$23.25		张师母	$23.25
	李海林	$23.25		邬阿翠	$23.25
	周正水	$23.25		侯善英	$23.25
	任原（元）恩	$23.25		刘阿三	$23.25
	高孝魁（奎）	$23.25		徐福良	$23.25
	林定甫	$23.25		陶玉法	$23.25
	王水顺	$23.25		滕阿灿	$30.75
	卢殿臣	$23.25		奚大炳	$30.75
	郭梅先	$23.25		王阿玉	$30.75
	舒小来	$23.25		董彼得	$30.75
	王阿南	$23.25		舒文英	$18.75
	舒阿三	$23.25		董良松	$13.50
	卢绪申	$23.25		李阿宝	$15.75
	卢绪孝	$23.25		裴荷英	$6.00
	舒文明	$23.25		谢芝香	$21.75
	洪莲根〔三〕	$23.25		姚阿盛〔四〕	$7.50
	张恩姐	$23.25		俞云昌	$12.75
	滕金凤	$23.25		冯时荣	$13.50
	忻凤英	$23.25		郁洪（宏）生〔五〕	$30.75
	袁锡英	$23.25		徐杏之	$0.75
	舒阿英	$23.25			$1124.25

续表

<table>
<tr><th></th><th>姓名</th><th>膳金</th><th></th><th>姓名</th><th>膳金</th></tr>
<tr><td rowspan="10">大厨房</td><td>刘秀凤</td><td>$23.25</td><td rowspan="5">维持及修理部</td><td>童春兰</td><td>$23.25</td></tr>
<tr><td>陈东财</td><td>$23.25</td><td>董阿桂（贵）</td><td>$23.25</td></tr>
<tr><td>陈富卿</td><td>$23.25</td><td>张益生</td><td>$23.25</td></tr>
<tr><td>冯阿友</td><td>$23.25</td><td></td><td>$69.75</td></tr>
<tr><td>冯岳琴</td><td>$23.25</td><td></td><td></td></tr>
<tr><td>邬阿康</td><td>$23.25</td><td rowspan="6">传道部</td><td>周云青</td><td>$23.25</td></tr>
<tr><td>裴祖信</td><td>$23.25</td><td>董秀云</td><td>$23.25</td></tr>
<tr><td>莫才君</td><td>$23.25</td><td>吴桂吟</td><td>$23.25</td></tr>
<tr><td>病人 7957</td><td>$5475.19</td><td>沈屏侯</td><td>$23.25</td></tr>
<tr><td></td><td>$5641.19</td><td></td><td>$93.00</td></tr>
<tr><td rowspan="6">管理部</td><td>马时飏</td><td>$9.75</td><td></td><td></td></tr>
<tr><td>洪兆藩</td><td>$23.25</td><td rowspan="2">总数</td><td rowspan="2">膳金</td><td rowspan="2">$8799.44</td></tr>
<tr><td>陈尚升</td><td>$23.25</td></tr>
<tr><td>宋国盛</td><td>$23.25</td><td></td><td></td><td></td></tr>
<tr><td>姚玄章</td><td>$18.75</td><td></td><td></td><td></td></tr>
<tr><td></td><td>$98.25</td><td></td><td></td><td></td></tr>
</table>

附注：

1. 姚玄章先生，十二月廿六日停，计念(廿）五天，每天七角五分算。

2. 邢永昌先生，十二月八日停，计七天，每天七角五分算。

3. 吕慧贞女士，十二月十六日停，计十五天，每天七角五分算。

4. 徐菊青女士，十二月廿二日起，卅一日止，计十天，每天七角五分算。

5. 马时飏先生，十二月十九日起，卅一日止，计十三天，每天七角五分算。

6. 刘映波女士，十二月廿七日停，计念（廿）六天，每天七角五分算。

7. 钱国治先生，十二月廿七日停，计念（廿）六天，每天七角五分算。

8. 吴月祥女士，十二月廿日停，计十九天，每天七角五分算。

9. 董良松工役，十二月十四日起，卅一日止，计十八天，每天七角五分算。

10. 冯时荣工役，十二月十九日停，计十八天，每天七角五分算。

11. 徐杏之工役，十二月二日停，计一天，每天七角五分算。

12. 李阿宝工役，十二月廿二日停，计念（廿）一天，每天七角五分算。

13. 谢芝香工役，十二月三日起，卅一日止，计念（廿）九天，每天七角五分算。

14. 姚阿盛工役，十二月廿二日起，卅一日止，计十天，每天七角五分算。

15. 俞云昌工役，十二月十五日起，卅一日止，计十〔七〕天，〔六〕每天七角五分算。

16. 裴荷英工役，十二月九日停，计八天，每天七角五分算。

【校记与考释】

〔一〕“守”，据相关文献校作“秀”，下同，不另出校。

〔二〕“章壁臣”，亦见写作“章璧臣”“章毕臣”，以上诸名均指同一人，下同，不另出校。

〔三〕“洪莲根”，亦见写作“洪连根”，以上诸名均指同一人，下同，不另出校。

〔四〕“姚阿盛”，亦见写作“姚阿顺”，以上诸名均指同一人，下同，不另出校。

〔五〕“洪”，据相关文献校作“宏”，下同，不另出校。

〔六〕“七”，据文义补。

【说 明】现存《华美医院膳金报告表（1940 年 1—12 月份）》，限于篇幅，此处仅收录是年 12 月份作参考。此文献现藏于宁波市档案馆，编号：306-1-22。

华美医院新院摄影（二）

【图释与说明】

（一）此照片正下方题“Hwa Mei Hospital, American Baptist Mission, Ningpo, China”。

（二）此照片由小汤默思提供，刊载于 Margaret Thomas Beal, Barbara Thomas Jones, Harold Thomas, Jr. & Mary Rushit Thomas, ed. *A History of the Hwa Mei Hospital 1843-1950*, unpublished dissertation, Revised 2015, p.52；宁波市第二医院编著《世纪华美　厚德鼎新——宁波市第二医院建院 170 周年纪念》，第 36—37 页，上述均将此照片系于 1940 年；宁波市自然资源和规划局、宁波市历史文化名城保护促进会《名城宁波历史图典》（宁波：宁波出版社，2019 年），第 116 页。

1941 年

大公医院聘请黄景霞医师启事

黄医师曾任上海红十字会总院眼科医师暨宁波华美医院眼耳鼻喉科主任医师，自一九三一年至一九四〇年止，达十年之久。兹受聘本院任眼耳鼻喉科主任，每日在院候诊，致本院原有外科主任汤铭新、外科医师汤影白、内科主任陶祖荫、内科医师金浚暨其他各专门医师仍皆留院应诊，特此通告，诸希垂鉴。

院址：戈登路一号。

电话：39876。

院长　顾毓湄启

【说明】上述启事刊载于《申报》1941 年 1 月 23、30 日。

华美医院院务会议记录（1941.2.6）

院务会议

日期：一九四一年二月六日夜七时半。

地点：图书室

出席者：丁、洪、韩、郁、马。

祈祷：郁先生。

报告：

1. 由丁医生报告住院及门诊病人较去年增加情形。

2. 职员离院事，如俞医生及黄医生〔一〕等。

讨论事项及决议：物价继续高涨，本院住院费等应否酌加案。议决：自本年3月1日起，住院费由九角加至一元五角，由三元加至四元，由四元加至五元，由六元加至八元，由八元加至十元；X-ray透视由三元增至四元；Laboratory费由三元增至四元。

【考释】

〔一〕“俞医生”，俞俊玑；“黄医生”，黄景霞。

【说明】此文献现藏于宁波市档案馆，编号：306-1-22，误编入1940年卷宗。

学习证明书（王菊生）

兹有王菊生，年念（廿）一岁，浙江省杭县人，自一月十三日至四月十四日在本院爱克司光室学习拍照技术，特此证明。

华美医院院长：丁立成

中华民国三十年四月十八日

宁波华美医院

【说明】此文献现藏于宁波市档案馆，编号：306-1-25。

学习及服务证明书（张嘉道）

Telegraphic Address:
Hwameihos-Ningpo

宁波华美医院
Hwa Mei Hospital
Ningpo, China

June 20, 1941[一]

To Whom It May Concern,

张嘉道 This is to certify that Mr. C. D. Chang has served as student technician in the laboratory of this hospital from January to December 1940, and from then to June 1941 he has served as acting chief technician in the same laboratory.

During this period he has covered and performed with satisfaction all the routine of different department including routine clinical and bacteriological proceedures, Wassermann and Kahn Texts, and tissue section.

Harold Thomas, M. D.
Superintendent

张嘉道，现年三十岁，系浙江省鄞县人，民国二十九年一月至十二月曾在本院化验室学习病理检验技术，嗣后自民国三十年一月起，至六月任本院化验室技士，特此证明。

华美医院院长：汤默思
中华民国三十年六月二十日

【校 记】

〔一〕“1941”，据文义补。

【说 明】此文献现藏于宁波市档案馆，编号：306-1-25。

服务证明书（金以成）

服务证明书

兹查金以成，男性，年二十六（？）岁，浙江省绍兴县人，自民国二十九年七月至三十年五月底期内任本院实习医师，成绩优良，特给此证。

宁波华美医院院长：丁立成

中华民国卅年六（？）月　日

宁波华美医院

【说明】此文献现藏于宁波市档案馆，编号：306-1-25。

华美医院院务会议记录（1941.8.22）

院务会议

日期：一九四一年八月廿二日夜七时半。

地点：汤医生住宅。

出席者：汤、丁、洪、马、韩、郁及马先生。

祈祷：汤医生。

报告：

汤医生：

1. 鲍哲庆先生不日行将来院，请各将工作情形尽详报告，俾便咨询。

2. 美国人士对宁波及本院热烈爱护情形。

3. Burgess 捐款及此次在上海为医院募款经过。

讨论事项及决议：

1. 丁医生提，化验室及 X 光室均太窄狭，拟将 242 号病室划归化验室用，化验室、洗涤室归 X 光室用，是否有当，请核议案。议决：通过。

2. 丁医生提，现时门诊室贫民之求免费应诊者日众，本院前办之卫生所应否恢复，请核议案。议决：在养兔间附近空地用旧料建楼房数栋，屋料记漆匠汪孝庭购觅，俟有眉目并得其估价后再在本会讨论定夺之。

3. 丁医生提，化验室招收新生，关于实习期长短及在学习及实习期内破损赔偿等向无明确规定，本会应否将上述问题加以讨论，俾资划一案。议决：

（1）本化验室此后学程共分三年与四年者两种，高中毕业者为三年，初中毕业者为四年。

（2）高中生学习期为二年，实习期为一年，修满三年后本院方给以证书。初中生学习期为三年，实习期为一年，修满四年后本院方给以证书。

（3）凡高初中学生学习满一年后本院当给以津贴，最后一年实习期内本院当给以正式薪金。

（4）新生来时有三个月之试验期，在试验期内本院及学生双方均得自由辞退，惟在院方认为学生应继续肄而学生自动坚持告退时则试验期内三个月膳金应由学生照付。

（5）新生来时须付试验期膳金三个月，现在暂定一百念（廿）元，多找少补，一俟选取为正式肄业生时照数发还。又须预缴破损费五十元，每遇打毁器物时按值1/2赔偿之。

（6）赔偿费每年一揭，不足时须补足。

（7）凡不拟在本院修满全部学程者，本院此后不再招收。

（以下原缺文）

【说明】此文献现藏于宁波市档案馆，编号：306-1-25。

任莘耕医生遗嘱

宁波华美医院

Hwa Mei Hospital, Ningpo

Hosp. No. Name Treatment Chart Day Night

任医生遗嘱

余因病重，恐遭不测，若不幸而去世，愿以贱躯供给宁波华美医院解剖，以借研究病理耳。余口内之全部金牙，烦家翰〔一〕予代为取下，付与余妻改铸金戒以志纪念，是此至托。

立据人：任莘耕

中华民国卅年八月念（廿）五日立

代书人：任亚伦、亚伟、亚杰

【考释】

〔一〕“家翰”，洪家翰，又名洪约翰。

【说明】此文献现藏于宁波市档案馆，编号：306-1-25。

华美医院院务会议记录（1941.10.23）

院务会议

日期：一九四一年十月二十三日夜七时半。

地点：韩女士住宅。

出席者：汤、丁、韩、郁及马先生。

缺席者：洪、马二医生，倪素琴女士。

报告：由汤医生报告本年秋季董事会执行委员会开会经过。

讨论事项：

1. 院长提，近日物价飞涨，住院等费应否酌加案。议决：自十一月起各费酌加如下：a. 门诊初诊二角→五角；复诊一角→三角；b. 住院房金，二元→三元，五元→七元，六元→八元，八元→十二元，十元→十五元；陪人：第一陪人二元→三元，第二陪人二元五角→四元；手术费房间改为三十元至八百元，普通改为十元至三百元；X光检查改为五元至二百元；化验费改为自五元至五十元；戒烟费改为自七十元至四百元；婴儿费改为自十元至一百元。

2. 院长提，物价继续飞涨，本院职工薪给津贴等应否酌加案。议决：自十一月一日起，婴儿津贴每名由十元增至二十元，普通津贴薪金在二十元以下者，自八十成增至一百六十成，在二十元以上者自五十成增至一百成。

3. 院长提，际兹（兹际）冬令昼短夜长，〔一〕下午门诊对就诊病人诸多不便，门诊时间应否修改案。议决：自十一月一日起，门诊时间改为上午九〔时〕半至十二时止。〔二〕探访病人时间上午自九时半至十二时，下午三时至五时。

【校记】

〔一〕“际兹”，据文义校作“兹际”。

〔二〕第二个“时”，据文义补。

【说明】此文献现藏于宁波市档案馆，编号：306-1-25。

宁波华美医院更改门诊时间启事

兹本院为便利病家来院诊病起见，自十一月一日起门诊时间（除星期日停诊外）改为每日上午九时半至十二时止，特别号仍照旧办理，特此通告。

【说明】上述启事刊载于《时事公报》1941 年 11 月 1 日。

华美医院俸金房金报告表（1941年12月份）

一九四一年十二月份薪金房金报告表（1941.12.22）

	姓名	薪金	〔房〕〔金〕		姓名	薪金	〔房〕〔金〕
医药部	丁立成	$200.00		工作部	奚大根	$14.00	
	洪约翰	$170.00			史阿定	$8.00	
	马友芳	$120.00			张文政	$15.00	
	刘贤良	$110.00	$20.00		高小（孝）魁（奎）	$10.00	
	王恩美	$25.00					
	钟怡阶	$100.00			林定甫	$13.00	
	张和卿	$50.00			舒小来	$10.50	
	李志良	$25.00			郭梅先	$8.00	
	陆秀章	$40.00			张爕生（笙）	$10.00	
	王秀霞	$25.00			任原（元）恩	$9.00	
	沈守德	$40.00			陈云棠	$8.00	
	许国芳	$25.00			卢绍（绪）哉（裁）[一]	$8.00	
	郑其炳	$30.00					
	徐莲卿	$25.00			王水顺	$9.00	
	彭琼珠	$25.00			卢殿臣	$9.00	
	徐惠恩	$30.00			陶玉法	$8.00	
	艾俊英	$25.00			俞云昌	$8.00	
	倪素琴	$55.00			李汉林	$8.00	
		$1120.00	20.00		王阿乃[二]	$8.00	

续表

	姓名	薪金	〔房〕〔金〕		姓名	薪金	〔房〕〔金〕
工作部	张文井	$8.00		工作部	徐正根	$8.00	
	陶玉瑞	$8.00			董良松	$10.00	
	郁宏生	$10.00				$385.00	
	范曙容[三]	$7.00		大厨房	刘秀凤	$35.00	
	刘桂仙	$6.50			陈东财	$16.00	
	张楼氏	$4.00			陈富卿	$12.00	
	邬阿翠	$4.00			冯阿友	$9.00	
	袁雪英	$4.00			冯岳琴	$8.00	
	舒阿英	$4.00			裴祖信	$8.00	
	张徐氏	$4.00			杨松鹤	$8.00	
	滕金凤	$4.00			莫才君	$8.00	
	谢滕氏	$4.00				$104.00	
	王阿香	$4.00		管理部	马时励	$100.00	
	卢绪申	$20.00			洪兆藩	$40.00	
	卢绪孝	$23.00			沈屏侯	$35.00	
	蔡同坤	$28.00			何承宗[四]	$30.00	
	舒文明	$9.50			庄季融	$70.00	
	戴顺昌	$9.50			庄季融	$35.00 十一月	
	奚大炳	$8.00					
	吕道绵	$12.00				$310.00	
	刘阿三	$14.00					
	侯善英	$8.00					

续表

	姓名	薪金	〔房〕〔金〕		姓名	薪金	〔房〕〔金〕
维持及修理部	郁云卿	$64.00		公益部	陈桂芬（菜）	$44.00	
	张益生	$27.00			周云青	$35.00	
	童春兰	$12.50			董秀云	$45.00	
	董阿桂（贵）	$11.50				$124.00	
		$115.00		总数	薪金	$2054.00	
					房金	$20.00	
大厨房薪金付在福（副）食账内〔五〕							

附注：

庄季融君，十一月份半个月薪水，并在本月份支付。

【校记与考释】

〔一〕“绍”，据相关文献校作“绪”，下同，不另出校；“哉”，据相关文献校作“裁”，下同，不另出校。

〔二〕“王阿乃”，亦见写作“王谒奶”“王谒乃”，以上诸名均指同一人，下同，不另出校。

〔三〕“范曙容”，亦见写作“范曙蓉”“范暑蓉”，以上诸名均指同一人，下同，不另出校。

〔四〕“何承宗”，亦见写作“何承忠”，英文名一般写作“C. T. Ho”，即“Ho Cheng Tsung”，以上诸名均指同一人，下同，不另出校。

〔五〕“福”，据文义校作“副”，下同，不另出校。

【说 明】现存《华美医院俸金房金报告表（1941年1—12月份）》，限于篇幅，此处仅收录是年12月份作参考。此文献现藏于宁波市档案馆，编号：306-1-25。

华美医院非常时期津贴费报告表（1941 年 12 月份）

一九四一年十二月份津贴费报告表（1941.12.22）

	姓名	〔津〕〔贴〕〔一〕	房金		姓名	〔津〕〔贴〕	房金
医药部	丁立成	$200.00		工作部	奚大根	$22.40	
	洪约翰	$170.00			史阿定	$12.80	
	马友芳	$120.00			张文政	$24.00	
	刘贤良	$110.00	20.00		高孝魁（奎）	$16.00	
	王恩美	$25.00			林定甫	$20.80	
	钟怡阶	$100.00			舒小来	$16.80	
	张和卿	$50.00			郭梅先	$12.80	
	李志良	$25.00			张燮生（笙）	$16.00	
	陆秀章	$40.00			任原（元）恩	$14.40	
	王秀霞	$25.00			陈云棠	$12.80	
	沈守德	$40.00			卢绍（绪）哉（裁）	$12.80	
	许国芳	$25.00					
	郑其炳	$30.00			王水顺	$14.40	
	徐莲卿	$25.00			卢殿臣	$14.40	
	彭琼珠	$25.00			陶玉法	$12.80	
	徐惠恩	$25.00			俞云昌	$12.80	
	艾俊英	$25.00			李汉林	$12.80	
	倪素琴	$55.00			王阿乃	$12.80	
		$1115.00	20.00		张文井	$12.80	

续表

	姓名	〔津〕〔贴〕	房金		姓名	〔津〕〔贴〕	房金
工作部	陶玉瑞	$12.80		工作部		$585.40	
	郁宏生	$16.00					
	范曙容	$11.20		大厨房	刘秀凤	$35.00	
	刘桂仙	$10.40			陈东财	$25.60	
	张楼氏	$6.40			陈富卿	$19.20	
	邬阿翠	$6.40			冯阿友	$14.40	
	袁雪英	$6.40			冯岳琴	$12.80	
	舒阿英	$6.40			裴祖信	$12.80	
	张徐氏	$6.40			杨松鹤	$12.80	
	滕金凤	$6.40			莫才君	$12.80	
	谢滕氏	$6.40				$145.40	
	王阿香	$6.40		管理部	马时飏	$100.00	
	卢绪申	$32.00			洪兆藩	$40.00	
	卢绪孝	$23.00			沈屏侯	$35.00	
	蔡同坤	$28.00			何承宗	$30.00	
	舒文明	$15.20			庄季融	$70.00	
	戴顺昌	$15.20			庄季融	$35.00	
	奚大炳	$12.80				$310.00	
	吕道绵	$19.20		维持及修理部	郁云卿	$64.00	
	侯善英	$12.80			张益生	$13.50	
	徐正根	$12.80			童春兰	$20.00	
	董良松	$16.00			董阿桂（贵）	$18.40	
	刘阿三	$22.40				$115.90	

续表

<table>
<tr><th></th><th>姓名</th><th>〔津〕
〔贴〕</th><th>房金</th><th></th><th>姓名</th><th>〔津〕
〔贴〕</th><th>房金</th></tr>
<tr><td rowspan="4">公益部</td><td>陈桂芬（菜）</td><td>$44.00</td><td></td><td rowspan="4">总数</td><td>津贴费</td><td>$2250.30</td><td></td></tr>
<tr><td>周云青</td><td>$35.00</td><td></td><td colspan="3" rowspan="3">大厨房津贴费付在福（副）食账内</td></tr>
<tr><td>董秀云</td><td>$45.00</td><td></td></tr>
<tr><td></td><td>$124.00</td><td></td></tr>
</table>

附注：

庄季融君，十一月份半个月津贴卅五月正，并在本月份内支付。

【校记】

〔一〕“津贴”，据相关文献补，下同，不另出校。

【说明】现存《华美医院非常时期津贴费报告表（1941 年 1—2，4—12 月份）》，限于篇幅，此处仅收录是年 12 月份作参考。此文献现藏于宁波市档案馆，编号：306-1-25。

华美医院非常时期婴儿津贴费报告表（1941年12月份）

一九四一年十二月份婴儿津贴报告表（1941.12.22）

	姓名	〔津〕〔贴〕		姓名	〔津〕〔贴〕
医药部	丁立成	$80.00	工作部	郁宏生	$60.00
	洪约翰	$80.00		范曙容	$20.00
	马友芳	$80.00		张楼氏	$40.00
	刘贤良	$100.00		邬阿翠	$20.00
	张和卿	$80.00		袁雪英	$20.00
	郑其炳	$40.00		张徐氏	$20.00
		$460.00		滕金凤	$40.00
工作部	张文政	$20.00		谢滕氏	$40.00
	高孝魁（奎）	$20.00		王阿香	$20.00
	张燮生（笙）	$40.00		卢绪孝	$100.00
	任原（元）恩	$80.00		卢绪申	$20.00
	陈云棠	$20.00		蔡同坤	$40.00
	卢绍（绪）哉（裁）	$20.00		舒文明	$60.00
				吕道绵	$40.00
	王水顺	$40.00		刘阿三	$40.00
	卢殿臣	$40.00		董良松	$40.00
	李汉林	$20.00			$1000.00
	王阿乃	$80.00			

续表

	姓名	〔津〕〔贴〕		姓名	〔津〕〔贴〕
大厨房	刘秀凤	$20.00	修理部	郁云卿	$100.00
	陈东财	$60.00		张益生	$60.00
	陈富卿	$20.00			$160.00
	冯岳琴	$60.00			
	裴祖信	$20.00	公益部	陈桂芬（菜）	$40.00
	杨松鹤	$40.00		周云青	$20.00
		$220.00			$60.00
管理部	马时飏	$60.00			
	沈屏侯	$100.00	总数	婴儿津贴	$1930.00
	庄季融	$60.00		大厨房婴儿津贴费付在福（副）食账内	
	庄季融	$30.00 十一月			
		$250.00			

附注：

庄季融君，十一月份半个月婴儿津贴卅元正，并在本月份内支付。

【说 明】现存《华美医院非常时期婴儿津贴费报告表（1941 年 1—12 月份）》，限于篇幅，此处仅收录是年 12 月份作参考。此文献现藏于宁波市档案馆，编号：306-1-25。

华美医院膳金报告表（1941年12月份）

一九四一年十二月份膳金报告表（1941.12.31）

	姓名	膳金		姓名	膳金
医药部	张和卿	$60.45	医药部	徐莲卿	$60.45
	李志良	$60.45		李美云	$60.45
	陆金华	$60.45		胡叔云	$60.45
	陈信德	$60.45		徐亚先	$60.45
	许国芳	$60.45		王惠棣	$79.95
	沈益谋	$60.45		沈翠琴	$79.95
	宋国盛	$60.45		陈云华	$60.45
	庞慕贤	$60.45		金兆德	$60.45
	陆秀章	$60.45		崔玉先	$60.45
	丁玉贞	$79.95		郑西铭	$60.45
	郑其炳	$60.45		顾月秀	$60.45
	钟怡阶	$60.45		杨雅美	$60.45
	沈守德	$60.45		徐菊青	$60.45
	倪素琴	$60.45		董润兰	$60.45
	徐惠恩	$60.45		李文英	$60.45
	王恩美	$60.45		干桂凤	$60.45
	王秀霞	$60.45		高维静	$60.45
	彭琼珠	$60.45		杨瑞云	$60.45
	艾俊英	$60.45		林爱棣	$60.45

续表

	姓名	膳金		姓名	膳金
医药部	张韵清	$60.45	医药部	倪素心	$60.45
	闻汉珍	$60.45		虞香美[一]	$60.45
	焦爱莲	$60.45		刘瑞香	$60.45
	王秀之（云）	$60.45		陈粹华[二]	$60.45
	汪佳梅	$60.45		林美玉	$60.45
	倪金璀	$60.45		陈辛（幸）福[三]	$60.45
	沈蓉江	$60.45		李秀青[四]	$60.45
	李津勋	$79.95		斯月华[五]	$60.45
	黄玉英	$79.95		陈洛意	$60.45
	丁庭训	$60.45		马焕英	$60.45
	马丽亚（雅）	$60.45		周秀英	$60.45
	刘莩梅	$60.45		张冰梅	$60.45
	陈菊采	$60.45		翁美庐[六]	$60.45
	朱秀芬	$60.45		周金人（义）[七]	$60.45
	叶云仙	$60.45		黄美灵（云）[八]	$60.45
	张瑞英	$60.45		严幼华	$60.45
	陶莉芳	$60.45		周松贞	$60.45
	史益华	$60.45		孙棣莩[九]	$60.45
	王秀珠	$60.45		陈美（梅）卿[一〇]	$60.45
	应锡华	$60.45		严雯英	$60.45
	夏培雄	$60.45		张承恩	$60.45
	胡秀英	$60.45		邬翠棋[一一]	$60.45
	章璧臣	$79.95		倪素月	$60.45

续表

	姓名	膳金		姓名	膳金
医药部	毛兰英	$60.45	工作部	王水顺	$79.95
	丁玉辉	$60.45		卢殿臣	$60.45
		$5315.70		郭梅先	$60.45
工作部	张徐氏	$60.45		舒小来	$60.45
	舒阿英	$60.45		王阿南	$60.45
	谢桂花	$60.45		卢绪申	$60.45
	张恩姐	$60.45		卢绪孝	$60.45
	滕金心（凤）〔一二〕	$60.45		奚大根	$60.45
	范曙云	$60.45		王阿玉	$60.45
	袁雪英	$79.95		陶玉法	$60.45
	舒文明	$60.45		刘阿三	$60.45
	奚大炳	$79.95		侯善英	$60.45
	吕道绵	$60.45		俞云昌	$60.45
	戴仁昌	$60.45		史阿定	$60.45
	蔡同坤	$60.45		徐正根	$79.95
	张燮生（笙）	$60.45		张文金	$60.45
	董阿桂（贵）	$60.45		陶玉方（法）〔一三〕	$60.45
	郁宏生	$60.45		卢孝裁	$79.95
	李汉林	$60.45		陈荣棠	$60.45
	任原（元）恩	$79.95		陈阿德	$60.45
	张文政	$60.45		刘桂仙	$60.45
	高孝魁（奎）	$60.45		邬阿翠	$60.45
	林定甫	$60.45			$2716.35

续表

	姓名	膳金		姓名	膳金
大厨房	刘秀凤	$60.45	维持及修理部	郁云卿	$60.45
	陈东才	$60.45		董良松	$60.45
	陈富卿	$60.45		童春兰	$60.45
	冯阿友	$60.45		张益生	$60.45
	冯岳琴	$60.45			$241.80
	裴祖信	$60.45			
	杨松鹤	$60.45	公益部	陈桂芬（菜）	$60.45
	冯章满	$60.45		周云青	$60.45
	病人 3678	$33372.04		董秀云	$60.45
		$33855.64			$181.35
管理部	马时飏	$60.45			
	洪兆藩	$60.45		总数	$42613.09
	沈屏侯	$60.45		附注	
	何承宗	$60.45			
	庄季融	$60.45			
		$302.25			

【校记与考释】

〔一〕“虞香美”，亦见写作“虞香梅”，以上诸名均指同一人，下同，不另出校。

〔二〕“陈粹华”，亦见写作“陈萃华”，以上诸名均指同一人，下同，不另出校。

〔三〕“辛”，据相关文献校作“幸”。

〔四〕“李秀青”，亦见写作“李修卿”“李修清”“李秀卿”“李秀清”，以上诸名均指同一人，下同，不另出校。

〔五〕“斯月华”，亦见写作“施月华”“史月华”，以上诸名均指同一人，下同，不另出校。

〔六〕“翁美庐”，亦见写作“翁梅庐”，以上诸名均指同一人，下同，不另出校。

〔七〕“人”，据相关文献校作“义”。

〔八〕“灵”，据相关文献校作“云”，下同，不另出校。

〔九〕“孙棣萼”，亦见写作“孙埭萼”，以上诸名均指同一人，下同，不另出校。

〔一〇〕“美”，据相关文献校作“梅”，下同，不另出校。

〔一一〕“邬翠琪”，亦见写作“邬翠棋”“邬翠其”，以上诸名均指同一人，下同，不另出校。

〔一二〕“心”，据相关文献校作“凤”。

〔一三〕“方”，据相关文献校作“法”，下同，不另出校。

【说 明】现存《华美医院膳金报告表（1941年2—12月份）》，限于篇幅，此处仅收录是年12月份作参考。此文献现藏于宁波市档案馆，编号：306-1-25。

服务证明书（丁主定）

服务证书

查护士丁主定女士，浙江省武义县人，年念（廿）三岁，于民国二十八年五月在本院附设华美高级护士职业学校毕业，旋于本年二月至十二月期间仍在本院服务，成绩优良，特给此证。

华美医院院长：丁立成

中华民国三十年十二月　日

【说明】此文献现藏于宁波市档案馆，编号：306-1-25。

浙江鼠疫调查报告书（节选）

（容启荣）

民国廿九年十月、十一月、十二月间，浙江鄞、衢两县先后发生鼠疫，据浙江省卫生处及军政处第二防疫大队报告鼠疫传染来源，似与敌机在该两地低空投掷异物有关。作者于十一月中旬奉卫生署、军政部军医署、后方勤务部卫生处及中国红十字会总会救护总队部四方面之命，会同卫生署卫生实验处环境卫生系主任兼中国红十字总会救护总队卫生工程指导员过祖源，卫生署专员前国联防疫团医官叶墨氏，军政部第二防疫大队长刘经邦，卫生署卫生实验处专员兼医疗防疫总队医务主任祝绍煌等，赴浙实地调查，于卅年一月十二日到达浙境，再会同浙江省卫生处处长陈万里，福建省卫生防疫专员柯立光、军政部第四防疫分队长齐树功等，实地踏勘并复查所有病例记录及证件。调查时，浙境鼠疫流行已告停息，并无病例发现，谨就调查及研究所得分述于后：

一、庆云

……

二、鄞县

鼠疫发现情形：……同日（十一月一日）又有患者二人，赴该县华美医院就医，据云系于十月廿九日及十月卅一日发病，其临床诊断为鼠疫。该院院长丁立成于第一人病人（俞元德，男性，年十六岁）身上淋巴腺肿取得穿刺液，作动物试验及细菌培养，十一月八日得阳性结果，〔一〕确定鼠疫之诊断，随后浙卫生处技正吴昌丰又将培养所得之杆菌作凝集反应，亦得阳性结果，由是鼠疫之诊断更证实矣……

流行概况：……

病例诊断：此次鄞县鼠疫共九十九例，其中六十一例系在隔离医院诊治，余多系疫区潜逃在外。病发一二日后即死，故未经详细检查。六十一病例中有三例于临床诊断之外再用检验方法以证实之。（一）鄞县华美医院丁院长取患者王仁林淋巴腺肿穿刺液制作涂抹标本，用美兰染于显微镜下发现两端染色较深之肥大短小“鼠疫杆菌”。（二）鄞县卫生院张院长于患者武春元之血液涂抹标本内用姬姆萨氏染色，经镜检发现“定型之鼠疫杆菌”。（三）华美医院丁院长又将患者俞元德之淋巴肿穿刺液接种于天竺鼠之腹部皮下，接种之次日，接种部位呈水肿及出血性炎，附近淋巴腺肿大，其周围之组织呈出血性浸润，接种之第三日，天竺鼠死亡，行死体检查时发现脾脏肿大，生西米粒结节，其他黏液膜及内脏充血，生溢血斑，以其淋巴腺穿刺液及血液作涂抹标本，得见无数鼠疫杆菌，再举行细菌培养，亦得成功。另又由浙卫生处吴技正昌丰作凝集反应试验，得阳性结果。

……

防治经过：……此次鄞县参加防治鼠疫之工作队团体，其属于地方者，计有（一）县政府，（二）县卫生院，（三）宁波警察局，（四）与疫区直接有关系之县东、唐塔、湖东三镇公所，（五）城区十一镇联合办事处，（六）防护团救护队，（七）动员委员会，（八）中心医院，（九）私立华美医院，（十）商会，（十一）青年会等……

【考释】

〔一〕“十一月八日得阳性结果”，据本书1940年档案《东后街之传染病断系鼠疫，疫区已加封锁》（《时事公报》11月4日）和《卫生人员总动员扑灭鼠疫，消毒工作今日完成》（《时事公报》11月5日）云，是月3日做动物试验，4日获得阳性结果。

【说明】此文献现藏于南京中国第二历史档案馆，编号：372（1）116。

1942年

华美医院院务会议记录（1942.1.1）

宁波华美医院院务会议记录（第一次）

日期：一九四二年一月一日。

时间：下午三时。

地点：汤宅。

出席者：汤、丁、洪、马医，韩女士，郁先生，倪素琴女士，马先生。

列席者：钟医生、[一]何承宗。

由丁医生祈祷后开会。

报告事项：

1. 汤院长报告医院一般经济情形，并谓本年度受战事影响，收入将较去年减少十美元，约占总收入四分之一。

2. 郁先生报告新灶使用经过，并谓依目下柴价估计较前全用大炉子，每日可省六十元左右。

讨论事项：

1. 院长提，鉴于医院一般经济情形，各部应如何紧缩以节开支案。议决：请汤、丁、韩、郁、倪五人先就工友、护士两部作人事上之调整，以期酌减冗员而节支出。

2. 院长提，目下外科用之药物供品来源极度困难，应如何设法案。议决：请汤、洪、马、钟四医生研究撙节办法。

3. 院长提，医院一般供品来源困难，价格飞涨，应如何节省案。议决：请倪、何二君设法减少消耗。

4. 院长提，厨房现用之烹饪灶应否设法改良案。（以下原缺文）

【校记与考释】

〔一〕“钟医生”及下文“钟医师”，钟怡阶，英文名一般写作“Ida Djung”，下同，不另出校。

【说 明】此文献现藏于宁波市档案馆，编号：306-1-26。

华美医院院务会议记录（1942.1.4）

宁波华美医院院务会议记录（第二次）

日期：一九四二年一月四日。

时间：上午十一时。

地点：本院图书室。

出席者：汤、丁、洪、马四医师，韩女士，倪素琴女士，马先生。

列席者：钟医师。

讨论事项：

院长提，依现下米价等估计由二粥一饭制改为每日三粥制，平均每日可省国币百二十元左右，本院经济困难应否改行新制案。议决：自本月五日起（除星期日外）实行新制。

散会。

【说明】此文献现藏于宁波市档案馆，编号：306-1-26。

华美医院院务会议记录（1942.1.30）

宁波华美医院院务会议记录（第三次）

日期：一九四二年一月三十日下午三时。

地点：汤宅。

出席者：汤、丁、马三医师，韩女士，倪素琴小姐，郁、马二先生。

列席者：钟医师。

报告事项：

1. 报告开会目的，为采购食米。

2. 庄季融先生离院经过。

讨论事项：

1. 丁医师提，医院采购大量物品应否汇交事务办理，以一权责提请核议案。议决：通过。

2. 汤医师提，本院现存款项暨特别费在内约有美二千元可以动用，应否全部充购食粮，请核议案。议决：通过。

3. 马先生提，本院采购粮食实感困难，可否酌令陪人日带食米一升半，请核议案。议决：自二月一日起实行之，详细办法请丁医生、马先生、何先生〔一〕会同商定之。

4. 马先生提，袁墅某君愿以七十五至八十元之廉价售与本院食谷美斤，应否派员设法购运案。议决：先行设法试购五百斤。

5. 本院经费来源短少，应否酌减冗员案。议决：周云卿、蔡同坤二君工作较少，应行裁减，并于彼等离职时各予薪金一月。

6. 汤医师提，据郁先报告，某君有食米十石，愿以每石二百元之价出售，应否派员前往接洽案。议决：请郁先生、何先生会同前往接洽之。

7. 马先生提，前次集会时，曾商定饲养小猪事宜，目下应否积极实行案。议决：先行饲养三四只。

散会。

【校记与考释】

〔一〕“何先生”，何承宗，下同，不另出校。

【说明】此文献现藏于宁波市档案馆，编号：306-1-26。

华美医院院务会议记录（1942.2.13）

华美医院院务会议第四次会议记录

日期：一九四二年二月十三日。

地点：韩女士宅。

时间：下午四时半。

出席者：汤、丁、洪、马四医师，韩女士，郁、马二先生。

列席者：钟医师。

缺席：倪素琴女士。

讨论事项：

1. 丁医生提，刘秀凤女士代伊子请求在院寄宿，应否照准案。议决：因恐其他职员援例，碍难照准。

2. 马先生提，职员用膳向在公共食堂集中，近有少数人员擅令厨役个别将饭菜送至住宅，应否劝阻案。议决：设法劝阻之。

散会。

【说明】此文献现藏于宁波市档案馆，编号：306-1-26。

华美医院院务会议记录（1942.2.28）

华美医院院务会议第五次会议记录

日期：一九四二年二月二十八日。

地点：韩女士住宅。

时间：晚七时半。

出席者：汤、丁、洪、马四医师，韩女士，郁、马二先生，倪素琴小姐。

列席：钟医师。

讨论事项：

1. 汤院长提，自目前至七月底至，本院尚缺食米一百〇五石左右，应如何设法补救案。议决：自下月五日起，规定房间病人每人每日须带食米一升五合，以每石二百元折价，预计可得四十五石左右，尚缺之六十石，由内外科医师六人负责分别设法向病人收取之。

2. 马先生提，新谷登场时米价较廉，本院应否自即日起预储款额，俾届时收购，请核议案。议决：自三月份起，每月拨存八千元（至七月份）储福利庄，以资应用。

3. 汤院长提，本院救济事业应否照常推进，请核议案。议决：每月自经常费下拨支二千元专作恩施之用，即每病室设置恩施床两张，每床以二百元计，专为救治贫病之用。

散会。

【说明】此文献现藏于宁波市档案馆，编号：306-1-26。

服务证明书（吴桂玲）

证明书

查吴桂玲，女性，现年念（廿）九岁，浙江省鄞县人，自民国二十六年二月至三十一年一月期内任本院卫生所门诊部实习医师五年，成绩优良，特给证书，以资证明。

华美医院院长：丁立成

中华民国三十一年二月　日给

宁波华美医院

【说明】此文献现藏于宁波市档案馆，编号：306-1-26。

华美医院院务会议记录（1942.3.6）

华美医院院务会议第六次记录

日期：一九四二年三月六日。

时间：晚七时半。

地点：汤宅。

出席者：汤、丁、洪、马四医师，郁、马二先生，韩女士，倪素琴小姐。

列席者：钟医师。

汤院长祈祷开会。

报告事项：

汤院长报告院董会开会经过。

讨论事项：

1. 丁医师提，目下生活指数日高，而本院向住院病人收取食米困难亦多，应否自即日起酌增住院房饭金，请公决案。议决：自三月十五日起，普通病房由三元增至四元，房间七元增至九元，八元增至十元，十二元增至十五元，十五元增至二十元。陪人由三元增至四元，第二陪人自四元增至五元。食米仍照常收取，但依市价折算。

2. 马先生提，本院向病人收取食米，究属有限，应否设法自行采购若干石，以资储备案。议决：即行采购四十石。

散会。

【说明】此文献现藏于宁波市档案馆，编号：306-1-26。

华美医院院务会议记录（1942.4.3）

华美医院院务会议第七次记录

日期：一九四二年四月三日。

时间：晚六时半。

地点：汤宅。

出席者：汤、丁、洪、马四医师，马先生、韩女士，倪素琴小姐。

列席者：钟医师。

报告事项：

汤院长报告医院一般状况。

讨论事项：

1. 汤医师提出本年度预算草案，提请公决案。议决：通过。

2. 汤医师提，近日物价无限上涨，本院职工薪俸是否应酌量提高案。议决：薪水在二十元以上者，照薪额加给津贴二十成，在二十元以下者三十成，小人津贴照旧，但无小人之职工，概给津贴二十元。

散会。

【说明】此文献现藏于宁波市档案馆，编号：306-1-26。

绍兴福康医院董事会会议记录（1942.4.23）

本院董事会记录第廿二次

1. 日期：一九四二年四月廿三号九时正。

2. 地点：绍兴柔遯弄施医师住宅。

3. 出席者：聂士麦、陈肯堂、穆克乐、蒋德恩、贺承铭。

4. 缺席者：贝道生、沈延斌、朱仲华〔一〕、丁立成、赵宝宏、汤默思、劳合理。

5. 列席者：施乃德、鲍哲庆、潘医生。

……

10. 院董会院董名单及任期案：

议会：丁立成（1942—1944，鲍哲庆代）、劳合理（1940—1942，聂士麦代）、沈延斌（1941—1943）。

差会：穆克乐（1942—1944）、汤默思（1940—1942，缺席）。

区会：……

特约：……

【校记】

〔一〕“朱仲华”，亦见写作“朱重华”，以上诸名均指同一人，下同，不另出校。

【说明】此文献现藏于绍兴市柯桥区档案馆，编号：140-1-142。

服务证明书（沈恢民）

服务证明书

查沈恢民医师，自民国二十九年七月一日至民国三十年十月三十日期内，在本院充任实习医师，成绩优良，特此证明。

华美医院院长：丁立成 L. C. Ting

中华民国卅一年四月　日

宁波华美医院缄

【说明】此文献现藏于宁波市档案馆，编号：306-1-26。

华美医院院务会议记录（1942.6.26）

华美医院院务会议第八次记录

日期：1942年6月26日。

时间：晚七时。

地点：汤宅。

出席者：汤、丁、洪、马四医师，郁、马二先生，韩碧玲女士。

列席者：钟医师。

讨论事项：

1. 近日物价再度飞涨，本院房膳等各费应否酌加案。议决：应改为如下各数：

a. 号费初诊三角→四角，复诊二角→二角。

b. 特别号初诊三元→四元，复诊一元→二元。

c. 房间特等十元→十八元，头等八元→十四元，二等六元→十元，三等五元→八元，普通二元→三元，第一陪人二元→三元，第二陪人二元半→□元。

d. 爱克司光查验费改为自五元至二百元。

e. 化验费改为自五元至百元。

f. 手术费改为甲种三十元至八百元，乙种五元至三百元。

g. 婴儿看护费改为十元至百元。

h. 戒烟费改为自百元至四百元。

2. 本院职工薪津等应否酌加案。议决：薪金、津贴、婴儿津贴，均照原薪加八成。

3. 丁医生提，沪上吴涵秋医师愿为本院募捐，本院应否将捐册寄沪案。议决：准将捐册寄沪。

【说明】此文献现藏于宁波市档案馆，编号：306-1-26。

毕业证明书存根（许国芳）

存根

学生许国芳，系浙江省天台县人，现年二十二岁，在本院学习病理化验科，三年考查成绩及格，准予毕业，此证。

院长：丁立成

中华民国三十一年七月　日

【说明】

（一）此存根右侧见一行骑缝字号“验字第十四号”，已被截为半字，骑缝字号处钤印一方，仅残一半印文，据相关文献可知，其印文为宁波华美医院之钤记。

（二）此文献现藏于宁波市档案馆，编号：306-1-26。

华美医院院务会议记录（1942.8.11）

华美医院院务会议第九次会议记录

日期：一九四二年八月十一日。

时间：晚七时半。

地点：汤宅。

出席者：汤、丁、洪、马四医师，郁先生，马先生，韩女士。

列席者：夏医生[一]、钟医生、何承宗君。

讨论事项：

1. 际此新谷登场之时而购办米谷仍十分困难，本院职员病人食指浩繁，应否暂时恢复病人带米办法案。议决：应暂行恢复带米办法，并修改本院简章：

a. 特等病房每日房膳十七元，米乙（一）升。

b. 头等病房每日房膳十三元，米乙（一）升。

c. 二等病房每日房膳九元，米乙（一）升。

d. 三等病房每日房膳七元，米乙（一）升。

e. 普通病房每日房膳一元五角，米乙（一）升。

f. 第一陪人每日膳宿费一元五角，米乙（一）升。

g. 第二陪人每日膳宿费二元五角，米乙（一）升。

2. 采购食谷应否请人员其专责案。议决：请马先生、郁先生、何先生负责。

散会。

【校记与考释】

〔一〕“夏医生”及下文“夏院监”“夏医师”，夏禹铭，亦见写作“夏禹民”，下同，不另出校。

【说 明】此文献现藏于宁波市档案馆，编号：306-1-26。

华美医院院务会议记录（1942.10.15）

华美医院院务会议第十次会议记录

日期：卅一年十月十五日。

时间：晚七时。

地点：图书馆。

出席者：丁、夏、洪、马四医师，马先生、郁先生、倪小姐〔一〕。

列席者：钟医师、何承宗君。

请郁先生祈祷。

报告事项：

1. 夏医生报告与毛董事商酌加薪问题经过。

2. 马先生报告本院最近经济状况。

讨论事项：

1. 物价仍继续高涨，中枢已决议公务员薪俸加倍发给，本院职工薪津应否酌加案。议决：应行酌加：

a. 取消津贴名义。

b. 职员薪金照五月份数额改发新币后加五倍计算。

c. 工友薪金照五月份数额改发新币后加七倍计算。

d. 婴儿津贴每名新币二十元，仍以每名为限。

2. 本院外科医师工作颇忙，医师又不易聘请，应如何设法案。议决：每一病房加聘本院毕业护士一名，助理外科医师工作，人选请倪小姐办理。

3. 本院病人门诊住院等费应否同时酌加案。议决：自本年十二月一日修改简章如下：

a. 特别号费：初诊由三元增至五元，复诊由二元赠至三元。

b. 特等病房改为每日房膳费二十五元，米一升。

c. 头等病房改为每日房膳费二十元，米一升。

d. 二等病房改为每日房膳费十二元，米一升。

e. 三等病房改为每日房膳费十元，米一升。

f. 普通病房改为每日房膳费三元，米一升。

g. 爱克司光镜查验费改为自十元至三百元。

h. 化验费改为自十元至百元。

i. 手术费改为甲种五十元至三千元，乙种十元至一千元。

j. 婴儿看护费改为每日三元至十元。

k. 第一陪人每日膳宿费改为三元，米一升，第二陪人每日膳宿费改为五元，米一升。

l. 戒烟费改为自五百元至一千元。

m. 第一条末加复诊券之有限期为一周年，第十七条遵守院规后加照章纳费四字。

n. 食米折价改为每升二元。

散会。

【校记与考释】

〔一〕“倪小姐”及下文“倪女士”，倪素琴，下同，不另出校。

【说明】此文献现藏于宁波市档案馆，编号：306-1-8，因混淆民国纪年与公元纪年而误编入1931年卷宗。

绍兴福康医院董事会会议记录（1942.10.29）

院董会议

日期：一九四二年十月廿九日。

出席者：蒋德恩、鲍哲庆（代丁立成）、陈肯堂、贺承铭。

……

院董人选名单：

丁立成（1944）、陈肯堂（1945〔一〕）、陶叔祥（1944）、沈延斌（1943）、〔朱〕〔重〕〔华〕〔（1942）〕〔二〕、蒋德恩（1943）、谢景轩（1945〔三〕）、周永年（1944）、贺承铭（1943）。

……

【说明】

（一）此记录存中文本、英文本各一件，此处以中文本释文，并以英文本之异校记于后，以供参考。

（二）此记录中文本、英文本均现藏于绍兴市柯桥区档案馆，编号：140-4-983。

【校记】

〔一〕“1945”，原写作“1942”，据英文本改。

〔二〕“朱重华（1942）”，据英文本补。

〔三〕“1945”，原写作“1942”，据英文本改。

华美医院院务会议记录（1942.12.12）

华美医院院务会议第十一次会议记录

日期：卅一年十二月十二日晚七时。

地点：图书馆。

在席者：丁院长，夏院监，马、洪二医师，郁先生，马先生，倪小姐。

列席：钟医师、何先生。

报告事项：

马先生报告本院经济状况。

讨论事项：

1. 院长提，上次会议议决，自十二月一日起酌加门诊住院各费，后因故未予实施，应于何时实施，提请公决案。议决：自明年一月一日起照前案酌加之。

2. 院长提，本院职工为医院服务同甘共苦数十年如一日，拟于本年年终加给年终特别津贴，每人加发原薪一月，提请公决案。议决：通过。

3. 院长提，本院职员、工友之薪金、津贴应否加以调整案。议决：自明年一月份起，职员薪金一律照底数加百分之八百。男工友之薪金、津贴照总共不到一百元者加至一百元，女工友之薪金、津贴不到五十元者加至五十元，男替工每日每人四元，女替工每人三元。

4. 院长提，明年度预算草案提请编制案。议决：收支总数各自为$1002000.00（细□）。

5. 院长提，李志良君卧病已达□□，津贴应否继续照发案。议决：自明年一月份起改发半薪，仍免费住院疗养。

6. 院长提，圣诞佳节不日即届，本会应如何庆祝案。议决：

a. 廿五日加小茶费一千元，每桌鸡一只、肉二斤，在护士住宅聚餐。

b. 请倪素琴小姐负责为高桥孤儿院及难童教养所募捐。

散会。

【说明】此文献现藏于宁波市档案馆，编号：306-1-8，因混淆民国纪年与公元纪年而误编入 1931 年卷宗。

华美医院薪俸津贴膳金报告表（1942年12月份）

		姓名	薪金	津贴	婴儿津贴	小计	膳金	总计	备考
医药部	1	丁立成	$1200.00		$80.00	$1280.00		$1280.00	膳金另付
	2	夏禹铭	$1200.00		$20.00	$1220.00		$1220.00	膳金另付
	3	洪约翰	$1020.00		$80.00	$1100.00		$1100.00	膳金另付
	4	马友芳	$720.00		$100.00	$820.00		$820.00	膳金另付
	5	刘贤良	$660.00		$100.00	$760.00		$760.00	膳金另付
	6	钟怡阶	$600.00		$20.00	$620.00	$85.50	$705.50	
	7	刘秀凤	$210.00		$20.00	$230.00	$85.50	$315.50	
	8	张和卿	$300.00		$80.00	$380.00		$380.00	膳金另付
	9	李志良	$150.00		$20.00	$170.00	$85.50	$255.50	
	10	郑其炳	$216.00		$40.00	$256.00	$85.50	$341.50	
	11	许国芳	$240.00		$20.00	$260.00	$85.50	$345.50	

续表

	姓名		薪金	津贴	婴儿津贴	小计	膳金	总计	备考
医药部	12	沈守德	$240.00		$20.00	$260.00	$85.50	$345.50	
	13	倪素琴	$330.00		$20.00	$350.00	$85.50	$435.50	
	14	徐莲卿	$150.00		$20.00	$170.00	$85.50	$255.50	
	15	汪佳梅	$150.00		$20.00	$170.00	$85.50	$255.50	
	16	彭琼珠	$150.00		$20.00	$170.00	$85.50	$255.50	
	17	王秀霞	$150.00		$20.00	$170.00	$85.50	$255.50	
	18	王恩美	$150.00		$20.00	$170.00	$85.50	$255.50	
	19	陈云华	$150.00		$20.00	$170.00	$85.50	$255.50	
	20	宋国盛		$30.00		$30.00	$85.50	$115.50	
	21	郑西铭	$150.00		$20.00	$170.00	$85.50	$255.50	
	22	李文英	$150.00		$20.00	$170.00	$85.50	$255.50	
	23	金兆德	$150.00		$20.00	$170.00	$85.50	$255.50	
	24	陈信德		$30.00		$30.00	$85.50	$115.50	
	25	张开甫					$85.50	$85.50	薪金另付

续表

	姓名		薪金	津贴	婴儿津贴	小计	膳金	总计	备考
医药部	26	陶德生					$85.50	$85.50	
	27	崔玉仙					$85.50	$85.50	
	28	焦爱莲					$85.50	$85.50	
	29	王秀之（云）					$85.50	$85.50	
	30	倪金璀					$113.08	$113.08	
	31	丁庭训					$85.50	$85.50	
	32	马丽亚（雅）					$85.50	$85.50	
	33	刘萼梅					$85.50	$85.50	
	34	陈育敏					$85.50	$85.50	
	35	朱秀芬					$85.50	$85.50	
	36	叶云仙					$85.50	$85.50	
	37	张瑞英					$85.50	$85.50	
	38	史益华					$85.50	$85.50	
	39	王秀珠					$85.50	$85.50	

续表

	姓名		薪金	津贴	婴儿津贴	小计	膳金	总计	备考
医药部	40	夏培雄					$85.50	$85.50	
	41	应锡华					$113.08	$113.08	
	42	胡　滨					$85.50	$85.50	
	43	章壁臣					$85.50	$85.50	
	44	虞香美					$85.50	$85.50	
	45	刘瑞香					$113.08	$113.08	
	46	陈瑞华					$85.50	$85.50	
	47	林美玉					$113.08	$113.08	
	48	陈幸福					$85.50	$85.50	
	49	李秀卿					$85.50	$85.50	
	50	斯月华					$85.50	$85.50	
	51	陈洛意					$113.08	$113.08	
	52	马焕英					$85.50	$85.50	
	53	周秀英					$85.50	$85.50	

续表

		姓名	薪金	津贴	婴儿津贴	小计	膳金	总计	备考
医药部	54	张冰梅					$85.50	$85.50	
	55	翁美芦（庐）					$85.50	$85.50	
	56	周金义					$85.50	$85.50	
	57	杨瑞云					$85.50	$85.50	
	58	黄美灵（云）					$85.50	$85.50	
	59	孙埭葶					$85.50	$85.50	
	60	陈美（梅）卿					$113.08	$113.08	
	61	严雯英					$85.50	$85.50	
	62	张承恩					$85.50	$85.50	
	63	邬翠琪					$85.50	$85.50	
	64	倪素俊					$85.50	$85.50	
			$8436.00	$60.00	$800.00	$9296.00	$5124.48	$14420.48	
工作部	1	奚大根	$112.00		$20.00	$132.00	$85.50	$217.50	
	2	高孝奎	$80.00		$20.00	$100.00	$113.08	$213.08	
	3	林定甫	$104.00		$20.00	$124.00	$85.50	$209.50	

续表

		姓名	薪金	津贴	婴儿津贴	小计	膳金	总计	备考
工作部	4	舒小来	$84.00		$20.00	$104.00	$85.50	$189.50	
	5	郭梅先	$64.00		$20.00	$84.00	$85.50	$169.50	
	6	张燮生（笙）	$80.00		$40.00	$120.00	$85.50	$205.50	
	7	任原（元）恩	$72.00		$100.00	$172.00	$85.50	$257.50	
	8	杨松鹤	$64.00		$40.00	$104.00	$113.08	$217.50	
	9	俞云昌	$64.00		$20.00	$84.00	$85.50	$169.50	
	10	王水顺	$72.00		$40.00	$112.00	$85.50	$197.50	
	11	卢殿臣	$72.00		$40.00	$112.00	$85.50	$197.50	
	12	李汉林	$64.00		$20.00	$84.00	$85.50	$169.50	
	13	张文金	$64.00		$20.00	$84.00	$85.50	$169.50	
	14	陶玉才	$64.00		$20.00	$84.00	$85.50	$169.50	
	15	郁宏生	$80.00		$60.00	$140.00	$85.50	$225.50	
	16	卢绪申	$144.00		$20.00	$164.00	$85.50	$249.50	
	17	卢绪孝	$144.00		$100.00	$244.00	$85.50	$329.50	
	18	戴顺昌	$76.00		$20.00	$96.00	$85.50	$181.50	

续表

		姓名	薪金	津贴	婴儿津贴	小计	膳金	总计	备考
工作部	19	舒文明	$76.00		$60.00	$136.00	$85.50	$221.50	
	20	奚大炳	$64.00		$20.00	$84.00	$113.08	$197.08	
	21	吕道绵	$96.00		$40.00	$136.00	$85.50	$221.50	
	22	刘阿三	$112.00		$40.00	$152.00	$85.50	$237.50	
	23	侯善英	$64.00		$20.00	$84.00	$85.50	$169.50	
	24	董良松	$80.00		$40.00	$120.00	$85.50	$205.50	
	25	徐正根	$64.00		$20.00	$84.00	$85.50	$169.50	
	26	杨筠英	$32.00		$40.00	$72.00	$85.50	$157.50	
	27	刘桂仙	$52.00		$20.00	$72.00	$85.50	$157.50	
	28	张楼氏	$32.00		$60.00	$92.00	$113.08	$205.08	
	29	邬阿翠	$32.00		$20.00	$52.00	$85.50	$137.50	
	30	袁雪英	$32.00		$20.00	$52.00	$113.08	$165.08	
	31	舒阿英	$32.00		$20.00	$52.00	$85.50	$137.50	
	32	张徐氏	$32.00		$20.00	$52.00	$85.50	$137.50	
	33	滕金凤	$32.00		$40.00	$72.00	$85.50	$157.50	

续表

		姓名	薪金	津贴	婴儿津贴	小计	膳金	总计	备考
	34	谢滕氏	$32.00		$60.00	$92.00	$85.50	$177.50	
	35	王阿香	$32.00		$20.00	$52.00	$85.50	$137.50	
	36	毛阿翠	$52.00		$20.00	$72.00	$85.50	$157.50	
			$2452.00		$1220.00	$3672.00	$3215.90	$6887.90	
管理部〔一〕	1	马时飏〔四〕	$600.00		$60.00	$660.00	$85.50	$745.50	
	2	沈屏侯〔五〕	$210.00		$100.00	$310.00	$85.50	$395.50	
	3	何承宗	$180.00		$20.00	$200.00	$85.50	$285.50	
	4	洪兆藩	$240.00		$20.00	$260.00	$85.50	$345.50	
			$1230.00		$200.00	$1430.00	342.00	1772.00	
维持及修理部〔二〕	1	郁云卿	$420.00		$100.00	$520.00	$85.50	$605.50	
	2	张益生	$144.00		$80.00	$224.00	$85.50	$309.50	
	3	童春兰	$100.00		$20.00	$120.00	$85.50	$205.50	
	4	董阿桂（贵）	$92.00		$20.00	$112.00	$85.50	$197.50	
			$756.00		$220.00	$976.00	342.00	$1318.00	

续表

		姓名	薪金	津贴	婴儿津贴	小计	膳金	总计	备考
公益部〔三〕	1	陈桂芬（菜）	$300.00		$40.00	$340.00		$340.00	薪金另付
	2	董秀云	$270.00		$20.00	$290.00	$85.50	$375.50	
			$570.00		$60.00	$630.00	$85.50	$715.50	
大厨房		徐惠恩	$150.00		$20.00	$170.00	$85.50	$255.50	
		陈富卿	$120.00		$20.00	$140.00	$85.50	$225.50	
		裴祖信	$112.00		$20.00	$132.00	$85.50	$217.50	
		冯岳琴	$88.00		$60.00	$148.00	$85.50	$233.50	
		陈荣棠	$104.00		$20.00	$124.00	$85.50	$209.50	
		陶玉法	$88.00		$20.00	$108.00	$85.50	$193.50	
			$662.00		$160.00	$822.00	$513.00	$1335.00	
		住院病人 3141 人，住院陪人 682 人，共 3823 人					$22908.00	$22908.00	

续表

总数	医药部	薪	$8436.00	津贴	$60.00	婴儿津贴	$800.00	共	$9296.00	膳金	$5124.48	$14420.48
	工作部	薪	$2452.00			婴儿津贴	$1220.00	共	$3672.00	膳金	$3215.90	$6887.90
	管理部	薪	$1230.00			婴儿津贴	$200.00	共	$1430.00	膳金	$342.00	$1772.00
	维持部	薪	$756.00			婴儿津贴	$220.00	共	$976.00	膳金	$342.00	$1318.00
	公益部	薪	$570.00			婴儿津贴	$630.00	共	$630.00	膳金	$85.50	$715.50
			$13444.00		$60.00		$2500.00		$16004.00 OK		$9109.88	$25113.88 OK

院长：　　　　会计：（印）马时飏章　　覆核员：（印）何承宗　　制表员：（印）兆藩

【校记】

〔一〕“管理部”，据相关文献补。

〔二〕“维持及修理部”，据相关文献补。

〔三〕“公益部”，据相关文献补。

〔四〕“马”，据相关文献补。

〔五〕“沈”，据相关文献补。

【说明】现存《华美医院俸金房金报告表（1942年1，4月份）》《华美医院津贴费报告表（1942年1—4月份）》《华美医院婴儿津贴报告表（1942年1—4月份）》《华美医院膳金报告表（1941年1，3—4月份）》《华美医院薪金报告表（1942年2—3月份）》《华美医院薪俸津贴膳金报告表（1942年5—12月份）》，限于篇幅，此处仅收录是年12月份作参考。此文献现藏于宁波市档案馆，编号：306-1-26。

1943 年

华华医院〔一〕院务会议记录（1943.3.2）

华华医院院务会议三十二年度第一次会议记录

日期：卅二年三月二日。

时间：下午新钟八时。

地点：本院董事室。

出席者：丁、夏、马三医师，郁先生，马先生，倪小姐。

列席者：钟医师、李小姐、何先生。

1. 由郁先生祈祷开会。

2. 丁院长报告本年度第一次董事会经过，其通过议案为：

（1）自三月一日起，院名改为私立宁波华华医院。

（2）预算拟在本年度募捐十美元。

（3）普通病室房膳费应酌量增加。

（4）修理事项由院长酌定之。

3. 讨论事项：

（1）普通病房增加房膳费，改章程应如何修改案。议决：特等改为每日 30 元，米 1 升；头等改为每日 25 元，米 1 升；二等改为每日 15 元，米 1 升；三等改为每日 12 元，米 1 升；普通改为每日 4 元，米 1 升；陪人改为每日 4 元，米 1 升；第二陪人改为每日 7 元，米 1 升；手术费改为甲种 50—5000 元，乙种 20—3000 元；婴儿费改为每日 5—10 元；戒烟费改为 1000—5000 元。

（2）本院职员、工友如有客人留宿或物件寄存等应如何规定案。议决：应得各该主管人员之允可。

（3）本院若干工友查有私藏公物之事应规定如何处罚案。

（以下原缺文）

【考释】

〔一〕“华华医院”，1941 年 4 月宁波沦陷于日军，12 月 7 日日军偷袭珍珠港，美日正式宣战，作为具有美国教会背景之华美医院，为了应对日伪政权，保存医疗设施和技术力量，1943 年 3 月 1 日医院更名为“私立宁波华华医院”，并聘请曾留学日本之夏禹铭医师为院监，以示与美方不再往来，减少日军对医院的侵扰。抗战胜利后，医院复名宁波华美医院。

【说明】此文献现藏于宁波市档案馆，编号：306-1-9，因混淆民国纪年与公元纪年而误编入 1932 年卷宗。

华华医院院务会议记录（1943.5.9）

华华医院院务会议三十二年度第二次会议记录

日期：三十二年五月九日。

时间：下午三时正（新钟）。

地点：本院图书馆。

出席者：丁、夏、马三医师，马先生，郁先生，倪小姐。

列席者：钟医生，李小姐，何先生。

1. 由郁先生祈祷开会。

2. 讨论事项：

（1）院长提，户口米停发后，职工生计较艰，婴儿津贴应否酌量增加案。议决：照前加倍发给，每名四十元。

（2）院长提，暑期即届，对本院员工应否发给特别津贴案。议决：通过，照各人薪水数加发一个月。

（3）替工资应否同时酌量增加案。议决：通过，男替工每日六元，女替工每日三元。

散会。

【说明】此文献现藏于宁波市档案馆，编号：306-1-9，因混淆民国纪年与公元纪年而误编入1932年卷宗。

华华医院院务会议记录（1943.6.14）

华华医院院务会议三十二年度第三次会议记录

日期：三十二年六月十四日。

时间：晚，新钟八时。

地点：本院图书馆。

出席：丁、夏、洪、马四医师，郁先生，马先生，倪小姐。

列席：钟医师、李小姐、何先生。

一、由丁院长祈祷开会。

二、讨论事项：

1. 院长提，本院简章订定各费应否酌量增加案。议决：自七月一日起，改为如下各费：门诊，初诊号费五角，复诊二角；特号，初诊十元，复诊五元；特等病房，每日四十元，米一升；头等病房，每日三十元，米一升；二等病房，每日二十元，米一升；三等病房，每日十五元，米一升；普通病房，每日六元，米一升，米价改为以每升六元计算；爱克司光查验费及化验费，每次自二十元至五百元；手术费，甲种自五十元至五千元，乙种自三十元至三千元；平产接产费，普通自二百元至五百元，房间自五百元至一千元；婴儿看护费，每日十元至二十元；陪人每日六元，米一升，第二陪人每日十元，米一升；戒烟须另缴烟粮二十日，戒烟费自一千元至二千元。

2. 院长提，时疫医院开办后本院应否添聘外科医师案。议决：缓议。

3. 马医师提，一般物价皆随米价而涨落，本院员工薪金可否定一以米价为高下之标准，请公决案。议决：原则通过，办法从详计议。

4. 院长提，护士部膳食可否与大厨房分离，另行建灶案。议决：通过。

散会。

【说 明】此文献现藏于宁波市档案馆，编号：306–1–9，因混淆民国纪年与公元纪年而误编入 1932 年卷宗。

华华医院院务会议记录（1943.7.18）

华华医院院务会议第四次会议记录（32 年）

日期：卅二年七月十八日。

时间：晚，新钟八时。

地点：本院图书室。

出席：丁、夏、洪、马四医师，马先生，倪小姐，钟医师，何先生。

缺席：郁先生，因事赴乡。

一、由院长祈祷开会。

二、讨论事项：

1. 物价高涨，本院职员、工友薪金应否酌量增加案。

议决：本月份起，照下列各条增加之：

a. 薪金照旧，照底数四倍计。

b. 津贴依薪金数四倍计算。

c. 婴儿津贴照旧，每名四十元。

d. 工友男最低低数加至十五元，即薪金以六十元计，加津贴二百四十元；女工友最低低数加至七元五角，即薪金以三十元计，加津贴一百二十元。

e. 夜班护士津贴取消，加给休息时间。

f. 替工男每日每人十二元，女每日每人六元。

散会。

【说明】此文献现藏于宁波市档案馆，编号：306-1-9，因混淆民国纪年与公元纪年而误编入 1932 年卷宗。

华华医院院务会议记录（1943.8.21）

华华医院院务会议第五次会议记录（32年）

日期：三十二年八月二十一日。

时间：下午新钟八时一刻。

地点：夏宅前草地。

出席：丁、夏、马、洪、钟四（五）医师〔一〕，马先生，倪小姐，郁先生，何先生。

一、祈祷开会。

二、讨论事项：

1. 九月份起简章所定各项应否更改案。议决：

a. 挂号至新钟12时止，门诊时间改为10时半至12时半。

b. 特号号费初诊由十元增至二十元 复诊由五元增至十元。

c. 房膳费改为特等100元，医米1升；头等80元，医米1升；二等50元，医米1升；三等40元，医米1升；普通12元，医米1升。

d. 照镜化验费改为每次各自40元至1000元。

e. 手术费甲种改为自600元至6000元；乙种改为自200元至500元。

f. 平产接产费改为普通自300元至600元，房间600元至1000元，婴儿费改为每天20至40元。

g. 陪人房膳费改为每天12元，米1升；第二陪人房膳费改为每天16元，米1升。

h. 戒烟费改为自2000元至5000元。

i. 探访病人时间改为上午新钟10时半至12时半，下午4时至6时。

j. 所改各条自九月一日起实行。

三、散会。

【校记】

〔一〕“四”，据文义校作“五”。

【说明】此文献现藏于宁波市档案馆，编号：306-1-9，因混淆民国纪年与公元纪年而误编入1932年卷宗。

毕业证明书存根（宋国盛）

存根

学生宋国盛，系浙江省余杭县人，现年念（廿）八岁，在本院医学化验技术人员训练班学习二年，查考成绩及格，准予毕业，特给此证。

华美医院院长：丁立成

中华民国三十二年九月　日

【说明】

（一）此存根右侧见一行骑缝字号“验字第六号”，已被截为半字，骑缝字号处钤印一方，仅残一半印文，据相关文献可知，其印文为“宁波华美医院之钤记”。

（二）此文献现藏于宁波市档案馆，编号：306-1-27。

民国三十二年（1943）文会培记户与华华医院立永远尽出卖房屋连基地文契

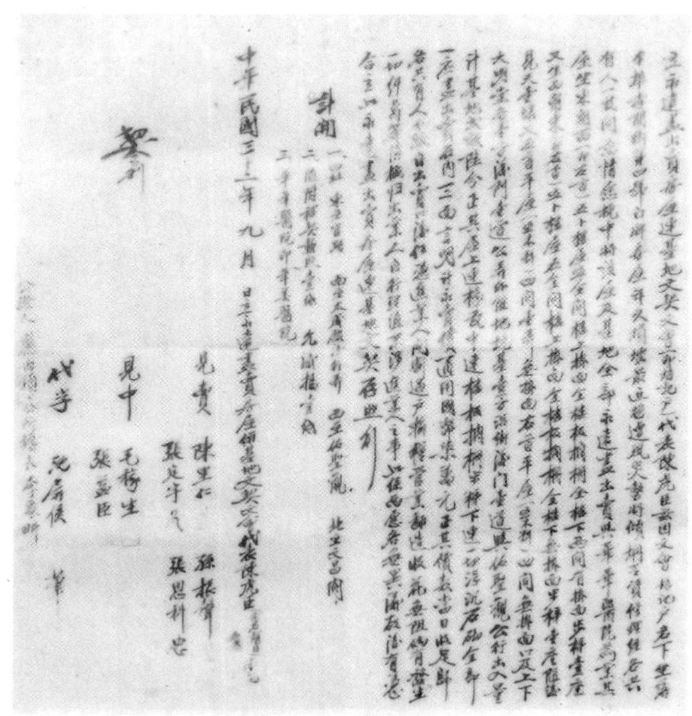

【释文】

立永远尽出卖房屋连基地文契

文会（即培记户）代表陈虎臣，兹因文会培记户名下，坐落本埠孝闻街第四号门牌房屋年久损坏，最近复遭风灾，势将倾坍，乏资修理，经各共有人一致同意，情愿挽中将该屋及基地全部永远尽出卖与华华医院为业。其屋坐东朝西（即左首）五层（？）楼屋五全间，楼上挂面，全楼板、搁栅，全楼下两间有挂面、步梯一座；又坐西朝东（即右首）五层（？）楼屋五全间，楼上挂面，全楼板、搁栅，全楼下两间无挂面、步梯一座，随后见天一埭；又左首平屋（全（？）木料）四间一弄，无挂面，右首平屋（全（？）木料）四间无挂面，以及上下大明堂各一方，后门一道公弄外余地坑基一方，沿街后门一道与佑圣观公行出入，量计基地二亩六分正，其屋上连椽瓦，中连楼板、搁栅、步梯，下连一切浮沉、石砌全部一应尽出卖在内。三面言明，计永卖价通用国币七万元正，其价款当日收足，归各共有人分派。自出卖以后，任凭进业人开割、过户、输粮、管业、翻造、收花无阻。倘有发生一切纠葛等情，概归出业人自行理值，不涉进业人之事。此系两愿，各无异议，欲后有凭，合立此永远尽出卖房屋连基地文契，存照行。

计开：

一、四址：东至官路，南至太岁殿后行弄，西至佑圣观，北至文昌阁。

二、随附补契执照一纸，允议据一纸。

三、华华医院即华美医院。

中华民国三十二年九月　日立永远尽出卖房屋并基地文契：文会代表陈虎臣（原名补臣）（押）□

见卖：陈里仁（押）□、孙振声（印）□

张定宇（押）□、张恩科（押）忠

见中：毛稼生（印）□

张益臣（印）□

代字：沈屏侯笔

公证人：县西镇镇公所镇长：李象畊

契吉利。

华华医院恭祝国庆

恭祝国庆

华华医院院长丁立成敬祝

【说明】上述恭祝刊载于《时事公报（国庆纪念增刊）》1943 年 10 月 10 日。

私立宁波华华医院董事会章程

第一条　定名：本会定名为私立宁波华华医院董事会，以下简称“本会”。

第二条　宗旨：本会本基督教之精神，以提倡科学医术医疗病黎为宗旨。

第三条　事业：本会基于前条宗旨，现设有医疗机构一所，定名私立宁波华华医院（以下简称“该院”）及该院附设高级护士学校一所。

第四条　产权：本会为该院之产权所有者，管辖该院及附属该院之一切动产及不动产，但规定无论何人不得转让抵押或变卖该院产业。

第五条　组织：本会之组织如次：

（一）本会以董事十二人组织之，由中华基督教浙沪浸礼议会，旅外同乡及地方绅士推举充任之，并以院长、院监为当然董事。

（二）董事中互推常务董事五人，并互推一人为主席董事。

第六条　职责：本会之职责如次：

（一）筹划该院经费。

（二）管辖该院产业。

（三）监督该院事业及经济。

（四）推举该院院长、院监及会计。

第七条　院长、院监及会计之推举：

（一）本会推举医师一人为院长，主持该院一切院务。

（二）本会推举医师一人为院监，监察该院院务及经济。

（三）本会推举会计一人，主持该院金钱出纳与保管，编造预算与报销，会同院长签署支付存放与领取款项及按时报告经济状况。

第八条　院务会之组织：为协助该院院长处理院务起见，由本会推举该院主要职员若干人组织院务会，以院长为主席，建议院务之改善及进展事项。

第九条　附则：本会章经董事会二分之一以上之赞同通过决定之，修改时亦同。

中华民国三十二年十月修订。

【说 明】此文献现藏于宁波市档案馆，编号：306-1-27。

张宁生、华菊英订婚启事

兹承丁立成、任兰卿两先生之介绍，并征得双方家长同意，谨于中华民国三十二年十一月十日在甬订婚，时值非常，一切从简，特此敬告，亲友诸希亮签。

【说 明】上述启事刊载于《申报》1943 年 11 月 10 日。

任荣生昆仲移寿仪助学，捐赠本报助学金五千元

旅沪甬商任荣生、荣发昆仲，本月十一日为其令慈六旬诞辰。时值艰难，奉慈命不得铺张，并将亲友隆仪，捐助沪甬各慈善机关，为亲友造福。本报助学金亦承捐赠五千元。为善最乐，热忱可佩。兹将共捐助机关分别录下：

宁波东岳实施粥厂，一万元；宁波华美医院，三千元；宁波佛教孤儿院，二千元；奉化孤儿院，五千元；上海特别冬赈委员会，五千元；申报助学金，五千元；新闻报贷学金，五千元；普善山庄，四千五百元；同仁辅元堂，四千元；上海难童教养院，三千元；上海幼幼教养院，一千元；仁济育婴堂，二千元；上海特别市仁慈善会，一千元；上海哑青学校，五百元；光震聋哑学校，五百元；中山聋哑义务学校，五百元；中华声哑协会，五百元；启□画社，五百元；□艺画社，五百元；贫儿工艺院，二千元；镇海南乡儿童教养院，三千元；上海仁济善会，五百元；上海同仁善会，五百元；红卍会，一千元；普德会，五百元；流民习勤所，一千元；国医平民医院，一千元；聋哑同人合办幽默画社，二千元；南市聋哑学校，五百元；中华聋哑学校，五百元，各慈善团体携据向中国渔业银行团体领取。

【说明】上述报道刊载于《申报》1943 年 12 月 15 日。

华美医院薪俸津贴膳金报告表（1943年12月份）

	姓名		薪金	津贴	婴儿津贴	小计	膳金	总计	备考
医务部	1	丁立成	2000.00	5200.00	240.00	7440.00	457.00	7897.00	膳金另付
	2	夏禹铭	2000.00	5200.00	80.00	7280.00	457.00	7737.00	膳金另付
	3	洪约翰	1700.00	4420.00	320.00	6440.00	457.00	6897.00	膳金另付
	4	马友芳	1400.00	3640.00	400.00	5440.00	457.00	5897.00	膳金另付
	5	刘贤良	1300.00	3380.00	400.00	5080.00	457.00	5537.00	膳金另付
	6	张开甫	700.00	1820.00	320.00	2840.00	571.50	3411.50	
	7	钟怡阶	1000.00	2600.00	80.00	3680.00	475.30	4155.30	
	8	张成志	550.00	1430.00	320.00	2300.00	457.00	2757.00	膳金另付
	9	郑其炳	360.00	936.00	160.00	1456.00	571.50	2027.50	
	10	李志良	125.00	325.00	40.00	490.00	571.50	1061.50	
	11	许国芳	400.00	1040.00	80.00	1520.00	571.50	2091.50	

续表

	姓名		薪金	津贴	婴儿津贴	小计	膳金	总计	备考
医务部	12	宋国盛	200.00	520.00	80.00	800.00	571.50	1371.50	
	13	陈信德		144.00		144.00	571.50	715.50	
	14	刘秀凤	350.00	910.00	80.00	1340.00	475.30	1815.30	
	15	沈守德	400.00	1040.00	80.00	1520.00	571.50	2091.50	
	16	倪素琴	550.00	1430.00	80.00	2060.00	475.30	2535.30	
	17	陈育敏	200.00	520.00	80.00	800.00	475.30	1275.30	
	18	王秀霞	300.00	780.00	80.00	1160.00	475.30	1635.30	
	19	朱秀芳	200.00	520.00	80.00	800.00	475.30	1275.30	
	20	彭琼珠	300.00	780.00	80.00	1160.00	475.30	1635.30	
	21	王恩美	300.00	780.00	80.00	1160.00	475.30	1635.30	
	22	陈云华	250.00	650.00	80.00	980.00	475.30	1455.30	
	23	陶德生		144.00		144.00	571.50	715.50	
	24	金兆德	250.00	650.00	80.00	980.00	475.30	1455.30	

续表

	姓名		薪金	津贴	婴儿津贴	小计	膳金	总计	备考
医务部	25	李乃绥	350.00	910.00	80.00	1340.00	475.30	1815.30	
	26	丁庭训	200.00	520.00	80.00	800.00	475.30	1275.30	
	27	马丽雅	200.00	520.00	80.00	800.00	475.30	1275.30	
	28	胡叔云	250.00	650.00	80.00	980.00	475.30	1455.30	
	29	陈志康		144.00		144.00	571.50	715.50	
	30	陈洛意					475.30	475.30	
	31	周金义					475.30	475.30	
	32	刘瑞香					475.30	475.30	
	33	张冰梅					475.30	475.30	
	34	虞香梅					475.30	475.30	
	35	翁美庐					475.30	475.30	
	36	周秀英					475.30	475.30	
	37	斯月华					475.30	475.30	

续表

	姓名		薪金	津贴	婴儿津贴	小计	膳金	总计	备考
医务部	38	陈幸福					475.30	475.30	
	39	张承恩					475.30	475.30	
	40	邬璀琪					475.30	475.30	
	41	杨瑞云					475.30	475.30	
	42	倪素俊					475.30	475.30	
	43	严雯英					475.30	475.30	
	44	黄美灵（云）					475.30	475.30	
	45	林美玉					475.30	475.30	
	46	孙棣萼					475.30	475.30	
	47	陈粹华					475.30	475.30	
	48	陈美（梅）卿					475.30	475.30	
	49	李秀卿					475.30	475.30	
	50	马焕英					475.30	475.30	

续表

	姓名		薪金	津贴	婴儿津贴	小计	膳金	总计	备考
医务部	51	应锡华					475.30	475.30	
	52	王秀珠					475.30	475.30	
	53	章璧臣					475.30	475.30	
	54	史益华					475.30	475.30	
	55	胡秀英					475.30	475.30	
	56	夏培雄					475.30	475.30	
	57	陈惠安					475.30	475.30	
	58	马菊英					475.30	475.30	
	59	杨桂莲					475.30	475.30	
	60	孙琴鹤〔一〕					475.30	475.30	
	61	张荷莲					475.30	475.30	
	62	沈仁谦					475.30	475.30	
	63	王桂卿					475.30	475.30	

续表

		姓名	薪金	津贴	婴儿津贴	小计	膳金	总计	备考
医务部	64	陈亚星					475.30	475.30	
	65	裘菊英					475.30	475.30	
	66	陈素贞					475.30	475.30	
	67	庄维藩					475.30	475.30	
	68	陈英黛〔二〕					475.30	475.30	
	69	虞觉平					475.30	475.30	
	70	郑洸铭〔三〕					475.30	475.30	
	71	孙蔷林					475.30	475.30	
	72	张爱莲					475.30	475.30	
	73	范秀蓉					475.30	475.30	
	74	李　衡〔四〕					475.30	475.30	
	75	葛元华					475.30	475.30	
	76	庄婉卿					475.30	475.30	

续表

	姓名		薪金	津贴	婴儿津贴	小计	膳金	总计	备考
医务部	77	宓碧霞					475.30	475.30	
	78	任瑞英					475.30	475.30	
	79	唐美娟					475.30	475.30	
	80	江亚灵					475.30	475.30	
	81	郭秋霞					475.30	475.30	
	82	王缦兮					475.30	475.30	
	83	沈益茂					571.50	571.50	
	84	陈爱莲					475.30	475.30	
			15835.00	41603.00	3640.00	61078.00	40777.40	101855.40	
短工	1	刘世高	31 天	@20.00		620.00	571.50	1191.50	
	2	卢永如	31 天	@20.00		620.00	571.50	1191.50	
	3	葛仁达	31 天			60.00	571.50	631.50	
	4	周春凤	31 天	@10.00		310.00	571.50	881.50	

续表

	姓名		薪金	津贴	婴儿津贴	小计	膳金	总计	备考
短工	5	滕东香[五]	31 天	@10.00		310.00	475.30	785.30	
	6	冯阿凤	31 天	@10.00		310.00	571.50	881.50	
	7	卓余德	31 天	@20.00		620.00	571.50	1191.50	
	8	陶金堂	31 天	@20.00		620.00	571.50	1191.50	
	9	冯章满	31 天	@20.00		620.00	571.50	1191.50	
	10	张文忠	31 天	@20.00		620.00	571.50	1191.50	
	11	沈阿根	31 天	@20.00		620.00	571.50	1191.50	
			341 天			6825.00	4947.90	11772.90	
洗衣作	1	杨英法	31 天	@20.00		620.00	571.50	1191.50	
	2	林连法[六]	31 天	@20.00		620.00	571.50	1191.50	
	3	郁永和	31 天	@20.00		620.00	571.50	1191.50	
			93 天			1860.00	1714.50	3574.50	
			434 天			7190.00	7904.80	15094.80	

续表

		姓名	薪金	津贴	婴儿津贴	小计	膳金	总计	备考
工作部	1	奚大根	150.00	390.00	80.00	620.00	571.50	1191.50	
	2	高孝奎	150.00	390.00	80.00	620.00	571.50	1191.50	
	3	林定甫	150.00	390.00	80.00	620.00	571.50	1191.50	
	4	舒小来	150.00	390.00	80.00	620.00	571.50	1191.50	
	5	郭梅仙	150.00	390.00	80.00	620.00	571.50	1191.50	
	6	张燮生（笙）	150.00	390.00	240.00	780.00	571.50	1351.50	
	7	任愿（元）恩	150.00	390.00	400.00	940.00	571.50	1511.50	
	8	陈荣棠	150.00	390.00	80.00	620.00	571.50	1191.50	
	9	李海林	150.00	390.00	80.00	620.00	571.50	1191.50	
	10	张文金	150.00	390.00	80.00	620.00	571.50	1191.50	
	11	郁宏生	150.00	390.00	320.00	860.00	571.50	1431.50	
	12	卢绪申	200.00	520.00	80.00	800.00	571.50	1371.50	
	13	卢绪孝	230.00	598.00	320.00	1148.00	571.50	1719.50	

续表

	姓名		薪金	津贴	婴儿津贴	小计	膳金	总计	备考
工作部	14	戴顺昌	150.00	390.00	80.00	620.00	571.50	1191.50	
	15	舒文明	150.00	390.00	240.00	780.00	571.50	1351.50	
	16	奚大炳	150.00	390.00	80.00	620.00	571.50	1191.50	
	17	吕道绵	150.00	390.00	80.00	620.00	571.50	1191.50	
	18	刘阿三	150.00	390.00	160.00	700.00	571.50	1271.50	
	19	侯善英	150.00	390.00	80.00	620.00	571.50	1191.50	
	20	董良松	150.00	390.00	80.00	620.00	571.50	1191.50	
	21	杨筠英	75.00	195.00	160.00	430.00	571.50	1001.50	
	22	刘桂仙	75.00	195.00	80.00	350.00	571.50	921.50	
	23	张楼氏	75.00	195.00	240.00	510.00	571.50	1081.50	
	24	邬阿翠	75.00	195.00	80.00	350.00	571.50	921.50	
	25	袁雪英	75.00	195.00	80.00	350.00	571.50	921.50	
	26	张徐氏	75.00	195.00	80.00	350.00	571.50	921.50	

续表

		姓名	薪金	津贴	婴儿津贴	小计	膳金	总计	备考
工作部	27	滕金凤	75.00	195.00	160.00	430.00	475.30	905.30	
	28	谢滕氏	75.00	195.00	240.00	510.00	571.50	1081.50	
	29	毛阿翠	75.00	195.00	80.00	350.00	475.30	825.30	
			3805.00	9893.00	40000.00	17698.00	16381.10	34079.10	
	1	郁延（贤）庆（卿）[七]	150.00	390.00	80.00	620.00	571.50	1191.50	
	2	竺甬川	150.00	390.00	80.00	620.00	571.50	1191.50	
		陈仁甫	150.00	390.00	80.00	620.00	571.50	1191.50	
			450.00	1170.00	240.00	1860.00	1714.50	3574.50	
			4255.00	11063.00	4240.00	19558.00	18095.60	37653.60	
管理部	1	马时飏	1000.00	2600.00	240.00	3840.00	571.50	4411.50	
	2	沈屏侯	400.00	1040.00	400.00	1840.00	571.50	2411.50	
	3	何承宗	400.00	1040.00	80.00	1520.00	571.50	2091.50	
	4	洪兆藩	400.00	1040.00	80.00	1520.00	571.50	2091.50	
			2200.00	5720.00	800.00	8720.00	2286.00	11006.00	

续表

		姓名	薪金	津贴	婴儿津贴	小计	膳金	总计	备考
修理部	1	郁云卿	700.00	1820.00	400.00	2920.00	457.00	3377.00	膳金另付
	2	张益生	200.00	520.00	320.00	1040.00	571.50	1611.50	
	3	童春兰	150.00	390.00	80.00	620.00	571.50	1191.50	
	4	董阿桂（贵）	150.00	390.00	80.00	620.00	475.30	1095.30	
			1200.00	3120.00	880.00	5200.00	2075.30	7275.30	
公益部	1	陈桂芬（菜）	500.00	1300.00	160.00	1960.00	457.00	2417.00	膳食另付
	2	董秀云	450.00	1170.00	80.00	1700.00	571.50	2271.50	
	3	郑西铭	250.00	650.00	80.00	980.00	475.30	1455.30	
	4	李文英	250.00	650.00	80.00	980.00	475.30	1455.30	
			1450.00	3770.00	400.00	5620.00	1979.10	7599.10	
大厨房	1	陈富卿	180.00	468.00	160.00	808.00	571.50	1379.50	
	2	冯岳琴	150.00	390.00	240.00	780.00	571.50	1351.50	
	3	卢殿臣	150.00	390.00	160.00	700.00	571.50	1271.50	

续表

		姓名	薪金	津贴	婴儿津贴	小计	膳金	总计	备考
大厨房	4	陶玉法	180.00	468.00	80.00	728.00	571.50	1299.50	
	5	俞云昌	150.00	390.00	80.00	620.00	475.30	1095.30	
			810.00	2106.00	720.00	3636.00	2761.30	6397.30	
总数	1	医务部	15835.00	41603.00	3640.00	61078.00	40777.40	101855.40	膳金另付 $2742.00
	2	工作部	4255.00	11063.00	4240.00	19558.00	18095.60	37653.60	
	3	管理部	2200.00	5720.00	800.00	8720.00	2286.00	11006.00	
	4	修理部	1200.00	3120.00	880.00	5200.00	2075.30	7275.30	膳金另付 $457.00
	5	公益部	1450.00	3770.00	400.00	5620.00	1979.10	7599.10	膳金另付 $457.00
			24940.00	65276.00	9960.00	100176.00	65213.40	165389.40	
	全院员工薪俸、津贴 $100176.00，替工 $7190.00，$107366.00。 膳费 $65213.40，替工 $7904.80，半夜班、夜班、夜割症加膳 1900.00，$75018.20。 总数 $182384.20。								

院长：　　会计：Z. Y. Ma　　覆核员：（印）洪兆藩印　　制表员：（印）何承宗

【校记与考释】

〔一〕“孙琴鹤”，亦见写作“孙琴萼”，以上诸名均指同一人，下同，不另出校。

〔二〕“陈英黛”，亦见写作“陈英代”，以上诸名均指同一人，下同，不另出校。

〔三〕“郑洸铭”，亦见写作“郑光铭”，以上诸名均指同一人，下同，不另出校。

〔四〕“李衡”，亦见写作“李恒”，以上诸名均指同一人，下同，不另出校。

〔五〕“滕东香”，亦见写作“滕冬香”，以上诸名均指同一人，下同，不另出校。

〔六〕“林连法”，亦见写作“林莲法”，以上诸名均指同一人，下同，不另出校。又，疑“林连法”“林利法”均指同一人，下同，不另出校。

〔七〕“延”，据相关文献校作“贤”；“庆”，据相关文献校作“卿”，下同，不另出校。

【说 明】现存《华美医院薪俸津贴膳金报告表（1943 年 1—12 月份）》，限于篇幅，此处仅收录是年 12 月份作参考。此文献现藏于宁波市档案馆，编号：306-1-27。

华华医院征信录（1942）

宁波华美医院（今称宁波华华医院）卅一年度捐款征信录

（以收到日期先后为序）

白师母，捐助中储币九千一百十三元六角〇五厘（折合计算）。

无名氏，丁方藩先生经募，捐助中储币二千四百五十元正（折合计算）。

施先生，捐助中储币二千五百元。

白师母，捐助中储币二百十元。

邵邱赛英女士，捐助中储币二百五十元。

韩岭烟厂，陈孟略先生经募，捐助中储币一千元。

徐渠记，陈孟略先生经募，捐助中储币二百五十元。

葛乐富先生，捐助中储币二十元。

周文星先生，捐助中储币五百元。

孙阶平先生，谢凤鸣先生经募，捐助中储币九十五元。

孙国梁先生，谢凤鸣先生经募，捐助中储币二十元。

李长水先生，谢凤鸣先生经募，捐助中储币十五元。

谢凤鸣先生，捐助中储币十一元。

无名氏，鲍哲庆先生经募，捐助中储币一千元。

朱维官先生，吴涵秋先生经募，捐助中储币四千元。

邵式军先生，徐兆良先生经募，捐助中储币二万元。

无名氏，徐兆良先生经募，捐助中储币五百元。

徐兆良先生，捐助中储币四千五百元。

陈长安先生，捐助中储币四千一百九十三元五角。

延泰宝号，郑传荣先生经募，捐助中储币一千五百元。

延泰宝号，郑子荣先生经募，捐助中储币一千五百元。

共计：中储币五万三千六百二十八元一角〇五厘。

【说明】此文献现藏于宁波市档案馆，编号：306-1-8，因混淆民国纪年与公元纪年而误编入1931年卷宗。

华华医院免费施诊报告（1942）

宁波华美医院（今称宁波华华医院）卅一年度免费施诊报告

（即捐款用途）

即开：

一月份：住院病人二十三人，计中储币九十九元二角二分五厘；门诊病人四十一人，计中储币一〇〇一元〇七分五厘。

二月份：住院病人十人，计中储币一百八十三元七角五分；门诊病人二十三人，计中储币八元〇二角五分。

三月份：住院病人二十三人，计中储币七十七元六角；门诊病人五十九人，计中储币二十一元正。

四月份：住院病人十七人，计中储币九十一元七角五分；门诊病人六十五人，计中储币五十五元五角。

五月份：住院病人二十六人，计中储币三十四元一角五分；门诊病人六十一人，计中储币七百五十七元五角五分。

（以上系旧币折合新币）

六月份：住院病人十四人，计中储币九百九十四元；门诊病人五十八人，计中储币五百四十元〇四角五分。

七月份：住院病人二十四人，计中储币二百三十五元五角；门诊病人四十五人，计中储币四百九十五元一角。

八月份：住院病人十七人，计中储币三百六十九元；门诊病人五十七人，计中储币六十二元五角。

九月份：住院病人十八人，计中储币六百〇〇二角五分；门诊病人一百〇四人，计中储币五十二元。

十月份：住院病人十八人，计中储币六百四十二元三角；门诊病人一百人，计中储币七百七十六元。

十一月份：住院病人二十七人，计中储币六千二百六十四元二角；门诊病人九十四人，计中储币五百七十八元。

十二月份：住院病人五十四人，计中储币一万二千八百十三元三角；门诊病人七十一人，计中储币三千九百三十六元九角。

总计：住院病人：二百七十六人；门诊病人：七百七十八人，共支出中储币五万二千六百十一元四角。救济难童：九个月。

以上收支相抵结余中储币一千〇十八元七角〇五厘。

【说 明】此文献现藏于宁波市档案馆，编号：306-1-8，因混淆民国纪年与公元纪年而误编入 1931 年卷宗。

1944年

华华医院院务会议记录（1944.1.6）

华华医院院务会议三十三年第一次会议记录

日期：卅三年一月六日。

时间：晚，新钟八时正。

地点：夏宅。

出席者：丁、夏、洪、马、钟五位医师，马先生，郁先生，倪小姐，李小姐，何先生。

一、由丁院长祈祷开会。

二、报告事项：

1. 丁院长报告全年诊疗情形。

2. 何先生报告全年经济收支情形。

三、讨论事项：

1. 本院员工及员工家属药资向依成本计算，惟目下物价飞涨甚巨，依此算法颇有不合理者，今庚起可否另订合理办法，请核议案。议决：另订本院职工及职工家属药资优待办法。

a. 护生一切全免。

b. 临时雇工普通药免，特药半免。

c. 职工本人：普通药，免；特药，纳 1/5；注射，纳 1/5（Saline 免）；房膳什费，免；手术材料，纳 1/10；手术化验透视，免；其他无价目表材料，均照原价。

d. 职员家属（以直系亲属及夫妻为限）：普通药，纳 1/3；特药，纳 3/4（改照七折算）；注射，纳 1/2（Saline 免）；房膳什费，纳 1/2；手术材料，纳 1/5；手术化验透视，免。

e. 以上价格按照院方当时价目表之低价及本办法折算。

2. 病人恩施办法，各医师应否按月分（份）一定数额提请公决案。议决：各医师施诊每月每人以三千元为限，不得超出此数，月底如有余文亦不得移作次月。

3. 倪小姐提，护生津贴费向来每月每人津贴五元，目下应否酌量增加案。议决：改为每人每月十元。

四、散会。

【说 明】此文献现藏于宁波市档案馆，编号：306-1-10，因混淆民国纪年与公元纪年而误编入 1933 年卷宗。

华华医院院务会议记录（1944.1.22）

华华医院院务会议三十三年度第三（二）次会议〔一〕

日期：一月二十二日。

时间：下午新钟八时。

地点：夏宅。

出席者：丁、夏、洪、马、钟、马、倪、郁、何、李。

一、由院长祈祷开会。

二、讨论事项：

1. 院长提，近日物价复涨，本院简章各费应否酌量增加案。议决：应改为下列各数：特号初诊四十元，复诊二十元；特等病房每日一百九十元，医米一升；头等病房每日一百二十元，医米一升；二等病房每日八十元，医米一升；三等病房每日六十元，医米一升；普通病房每日二十元，医米一升；查验照镜每次百元至千元；产妇包敷料每天自三十元至四十元；第一陪人与普通同，第二陪人每日三十元，米一升。

三、散会。

【校记】

〔一〕“三”，据相关文献校作“二”。

【说明】此文献现藏于宁波市档案馆，编号：306-1-10，因混淆民国纪年与公元纪年而误编入1933年卷宗。

学习证明书（陈志康）

Telegraphic Address:
Hwameihos-Ningpo

宁波华美医院
Hwa Mei Hospital
Ningpo, China

证明书

为证明事，兹查陈志康，男性，年二十岁，奉化县人，自民国三十一年六月起，至民国三十三年一月期内，在本院药房学习药剂，特此证明。

院长：丁立成
中华民国三十三年二月　日

【说明】此文献现藏于宁波市档案馆，编号：306-1-28。

学习证明书存根（沈益茂）

证明书

查沈益茂，现年念（廿）三岁，浙江省奉化县人，在本院卫生所及门诊室学习三年，成绩优良，特给此证。

中华民国三十三年二月　日

院长：丁立成

【说明】

（一）此存根右侧见一行骑缝字号“第十一号”，已被截为半字，骑缝字号处钤印一方，仅残一半印文，据相关文献可知，其印文为“宁波华美医院之钤记”。

（二）此文献现藏于宁波市档案馆，编号：306-1-28。

华华医院院务会议记录（1944.3.1）

华华医院院务会议三十三年度第三次会议

日期：三月一日。

时间：下午新钟八时。

地点：夏宅。

出席者：丁、夏、洪、马、钟、马、郁、倪、李、何。

一、由院长祈祷开会。

二、院长报告近日医院一般情形。

三、讨论事项：

1. 院长提，近来各货高涨，本院一般员工生活颇感为难，对于待遇应否作一调整案。议决：旧时每小人津贴 80 元，改为互助津贴，由前月净收入（减去存款、恩施、伙食后之数）提出一成分配，其分配办法采点数制。有一个小人者得五点；二小人者，其第二小人得四点，依次递减；至第五小人得一点，其他办法照旧，例如以 60 元为一点，则有一小人者得 300.00；有二小人者得 540.00；有三小人者得 720.00；有四小人者得 840.00；有五小人者得 900.00。

四、散会。

【说明】此文献现藏于宁波市档案馆，编号：306-1-10，因混淆民国纪年与公元纪年而误编入 1933 年卷宗。

华华医院院务会议记录（1944.4.26）

华华医院院务会议三十三年度第四次会议记录

日期：四月二十六日。

时间：下午新钟八时。

地点：夏宅。

出席者：丁、夏、洪、马、钟五医师，马先生，郁先生，倪、李二小姐，何。

一、由院长祈祷开会。

二、讨论事项：

院长提，本院简章上各项收费应否随物价酌量调整案。议决：自五月一日起改为特号初诊 60 元，复诊 30 元；特等病房每日房膳费 250 元，米 1 升，入院时预缴 5000 元；头等病房每日房膳费 180 元，米 1 升，入院时预缴 4000 元；二等病房每日房膳费 120 元，米 1 升，入院时预缴 3000 元；三等病房每日房膳费 100 元，米 1 升，入院时预缴 3000 元；普通病房每日房膳费 30 元，米 1 升，入院时预缴 1500 元；照镜查验自 100 元至 2000 元；接产费房间自 1000 元至 2000 元，普通自 600 元至 1000 元；婴儿看护费每日自 30 至 60 元，外产包敷料每日自 50 至 200 元；陪人每日 40 元，米 1 升，第二陪人每日 50 元，米 1 升。

三、散会。

【说明】此文献现藏于宁波市档案馆，编号：306-1-10，因混淆民国纪年与公元纪年而误编入 1933 年卷宗。

毕业证明书存根之一（李志良）

存根

学生李志良，系浙江省鄞县人，现年二十二岁，在本院药剂室学习四年期满，考察成绩及格，准予毕业，特给此证。

宁波华美医院院长：丁立成

三十三年四月　日给

【说明】

（一）此存根右侧见一行骑缝字号“药字第□□号”，已被截为半字，骑缝字号处钤印一方，仅残一半印文，据相关文献可知，其印文为“宁波华美医院之钤记”。

（二）此文献现藏于宁波市档案馆，编号：306–1–28。

服务证明书（宋国盛）

服务证书

查宋国盛，男性，年二十九岁，系浙江省余姚县人，自民国三十二年九月至民国三十三年五月期内，在本院化验室服务，成绩优良，特此证明。

院长：丁立成

中华民国三十三年五月 日

宁波华美医院

【说明】此文献现藏于宁波市档案馆，编号：306-1-28。

服务证明书（徐惠恩）

Telegraphic Address:
Hwameihos-Ningpo

宁波华美医院
Hwa Mei Hospital
Ningpo, China

服务证书

查护士徐惠恩，女性，现年二十三岁，浙江省绍兴县人，自民国三十年四月起，至三十三年四月期内，在本院服务，成绩优良，特给此证。

宁波华美医院院长：丁立成（印）丁立成印
中华民国三十三年五月　日（印）宁波华美医院之钤记

【说明】此文献现藏于宁波市档案馆，编号：306-1-28。

华华医院院务会议记录（1944.6.20）

华华医院院务会议三十三年度第五次会议记录

日期：六月二十日。

时间：下午新钟八时。

地点：夏宅。

出席者：丁、夏、洪、马、钟五医师，马先生，郁先生，李小姐，倪小姐。

一、讨论事项：

院长提，7 月 1 日起，简单上各费应作如何更改案。议决：门诊号费改为初诊 5 元，复诊 2 元；房膳什费改为特等每日 400 元，米 1 升，预缴 8000 元，米 1 斗 5 升；头等每日 300 元，米 1 升，预缴 7000 元，米 1 斗 5 升；二等每日 200 元，米 1 升，预缴 6000 元，米 1 斗 5 升；三等每日 150 元，米 1 升，预缴 5000 元，米 1 斗 5 升；普通每日 50 元，米 1 升，预缴 2500 元，米 1 斗 5 升；爱克司光及化验费改为自 150 元至 2000 元；婴儿看护费改为自 50 元至 100 元；陪人改为每日膳宿费 60 元，米 1 升；第二陪人改为每日膳宿费 80 元，米 1 升。余照旧，手术费细则照前增加一倍。

二、散会。

【说 明】此文献现藏于宁波市档案馆，编号：306-1-10，因混淆民国纪年与公元纪年而误编入 1933 年卷宗。

华华医院院务会议记录（1944.9.26）

华华医院院务会议第六次会议记录

日期：九月二十六日。

时间：下午新钟八时。

地点：夏宅。

出席者：丁、夏、洪、马、钟五医师，马先生，郁先生，李小姐，倪小姐。

列席者：张医师，刘医师（未到）。

一、祈祷开会。

二、讨论事项：

1. 院长提，兹为救济贫病，拟于文昌阁旧址附设简单治疗所，请公决案。议决：通过，于十月一日起实行，并定挂号费 1 元，时间每日上午九至十二时，星期日停诊。治疗科目：砂眼、瘌头、烂脚、疟疾、疮五种，每人酌收药资 5—10 元，注射费 10—50 元。

2. 院长提，上次议决更改章程后，因故未行，拟于十月一日起实行，请出决案。议决：通过，并改普通号费，初诊 10 元，复诊 5 元；特别号费初诊 100 元，复诊 50 元。

3. 马先生提，拟请装置水管至隔离病房案。议决：通过，请郁先生购办水管装置之。

三、散会。

【说明】

（一）此记录失载年份，据相关文献当是 1944 年。

（二）此文献现藏于宁波市档案馆，编号：306-1-10，误编入 1933 年卷宗。

毕业证明书存根（陈传法）

陈传法学生，系浙江省余姚县人，现年二十三岁，在本院学习病理化验科三年，考察成绩及格，准予毕业，此证。

民国卅三年九月

【说明】

（一）此存根右侧见一行骑缝字号“验字第十号”，已被截为半字，骑缝字号处钤印一方，仅残一半印文，据相关文献可知，其印文为“宁波华美医院之钤记”。

（二）此文献现藏于宁波市档案馆，编号：306-1-28。

华华医院院务会议记录（1944.11.11）

华华医院院务会议第七次会议记录

日期：三十三年十一月十一日。

时间：下午新钟八时。

地点：夏宅。

出席者：丁、夏、洪、马、钟五医师，马先生，李小姐，倪小姐。

列席者：刘医师。

一、讨论事项：

1. 院长提，近日物价飞涨，本院简章应否更改案。议决：简章所列各费以后以单位制计算，以米 1 升之价为 1 单位。现定：特等病房 9 单位，连米计算；头等病房 7 单位；二等病房 5 单位；三等病房 4 单位；普通病房 4 单位；陪人 2 单位；第二陪人 2 单位半；照镜及化验费普通 2.5—25 单位；房间 4 单位至 40 单位；婴儿费 1—2 单位；产妇包敷料 1—4 单位；外科包敷料 1—4 单位。12 月 1 日起改为：特等病房每日 650 元，米 1 升；头等病房每日 500 元，米 1 升；二等病房每日 350 元，米 1 升；三等病房每日 250 元，米 1 升；普通病房每日 80 元，米 1 升；照镜化验费普通 200—2000 元，房间 300—3000 元；婴儿费 80 元至 160 元；产妇包敷料 80 元至 300 元；外科包敷料 80 元至 300 元；陪人每日 80 元，米 1 升；第二陪人每日 120 元，米 1 升；并定以后小菜费职员半单位，普通 0.4 单位，房间 1 单位，特、头等房间 2 单位。

二、散会。

【说 明】此文献现藏于宁波市档案馆，编号：306-1-10，因混淆民国纪年与公元纪年而误编入 1933 年卷宗。

华华医院院务会议记录（1944.12.12）

华华医院第八次院务会议记录（33年度）

日期：十二月二十二日。

时间：下午八时。

地点：夏宅。

出席者：丁、夏、洪、马、钟、马、郁、倪、李、何。

列席者：张医师。

由郁先生祈祷开会。

讨论事项：

1. 院长提，米价已较上月上涨不少，单位应否更改案。议决：每单位改为200元。上次未定单位者规定如下：特号号费初诊2单位，复诊1单位，陪人改为3单位，第二陪人亦3单位，房间照前加1单位，特等10单位，头等8单位，二等6单位，三等5单位，普通照旧。预缴费，特等200单位，头等150单位，二等100单位，三等90单位，普通40单位。

2. 院长提，手术费自7月1日增价后尚未增加，是否亦□□定单位案。议决：应定单位如下：甲种大手术250单位至400单位；乙种大手术150单位至250单位；甲种中手术75单位至150单位；乙种中手术50单位至75单位；小手术25单位至50单位；骨折架25单位至50单位；Action 5单位至25单位。

3. 院长提，厨房分二处，柴油等较贵，明年起应否更改案。议决：自1月1日起合并，并推郁先生、倪小姐、何先生为委办。

4. 院长提，前次会议议决，茶（？）费单位应否酌改案。议决：房间照旧，普通1/3单位，职员自1/3至1/2单位。

5. 院长提，职员及护生病后应如何规定案。议决：依照1939年7月21日院务会之记录并布告全体职员。

6. 职员房租应如何规定案。议决：马、陈、沈、洪每人每月 20 元，刘医师照房租实收。

7. 职员药资优待办法应否改变案。议决：家属（直系）及配偶之普通药 2 折，特药对折，其余照旧。

【说 明】此文献现藏于宁波市档案馆，编号：306-1-10，因混淆民国纪年与公元纪年而误编入 1933 年卷宗。

华美医院薪俸津贴膳金报告表（1944年12月份）

	姓名		薪金	津贴	婴儿津贴	小计	膳金	总计	备考
医务部	1	丁立成	2000.00	52000.00	2790.00	56790.00	5301.00	62091.00	2.8
	2	夏禹铭	2000.00	52000.00	1550.00	55550.00	5301.00	60851.00	2.8
	3	洪约翰	1700.00	44200.00	3720.00	49620.00	5301.00	54921.00	2.45
	4	马友芳	1400.00	36400.00	4340.00	42140.00	5301.00	47441.00	2.1
	5	刘贤良	1300.00	33800.00	4650.00	39750.00	5301.00	45051.00	2.00
	6	张开甫	700.00	18200.00	4340.00	23240.00	6627.18	29867.18	1.15
	7	钟怡阶	1000.00	26000.00	1550.00	28550.00	5770.65	34320.65	1.12
	8	张成志	550.00	14300.00	4340.00	19190.00	5301.00	24491.00	0.95
	9	郑其炳	360.00	9360.00	1550.00	11270.00	6627.18	17897.18	0.56
	10	李志良	125.00	3250.00	775.00	4150.00	6627.18	10777.18	0.20
	11	许国芳	400.00	10400.00	1550.00	12350.00	6627.18	18977.18	0.61

续表

		姓名	薪金	津贴	婴儿津贴	小计	膳金	总计	备考
医务部	12	陈信德	200.00	5200.00	1550.00	6950.00	6627.18	13577.18	0.35
	13	沈守德	400.00	10400.00	1550.00	12350.00	6627.18	18977.18	0.61
	14	倪素琴	550.00	14300.00	1550.00	16400.00	5770.65	22170.65	0.82
	15	陈育敏	250.00	6500.00	1550.00	8300.00	5770.65	14070.65	0.4
	16	王秀霞	350.00	9100.00	1550.00	11000.00	5770.65	16770.65	0.55
	17	朱秀芬	250.00	6500.00	1550.00	8300.00	5770.65	14070.65	0.41
	18	彭琼珠	350.00	9100.00	1550.00	11000.00	5770.65	16770.65	0.55
	19	王恩美	350.00	9100.00	1550.00	11000.00	5770.65	16770.65	0.55
	20	陈云华	300.00	7800.00	1550.00	9650.00	5770.65	15420.65	0.48
	21	陶德生	150.00	3900.00	1550.00	5600.00	6627.18	12227.18	0.28
	22	金兆德	300.00	7800.00	1550.00	9650.00	5770.65	15420.65	0.48
	23	李乃绥	400.00	10400.00	1550.00	12350.00	5770.65	18120.65	0.61
	24	丁庭训	250.00	6500.00	1550.00	8300.00	5770.65	14070.65	0.41

续表

	姓名		薪金	津贴	婴儿津贴	小计	膳金	总计	备考
医务部	25	马丽雅	250.00	6500.00	1550.00	8300.00	5770.65	14070.65	0.41
	26	胡叔云	300.00	7800.00	1550.00	9650.00	5770.65	15420.65	0.48
	27	胡　滨	200.00	5200.00	1550.00	6950.00	5770.65	12720.65	0.35
	28	丁闺训		1080.00		1080.00	5770.65	6850.65	0.35
	29	刘丽琴					5770.65	5770.65	
	30	陈洛意					5770.65	5770.65	
	31	周金义					5770.65	5770.65	
	32	刘瑞香					5770.65	5770.65	
	33	张冰梅					5770.65	5770.65	
	34	翁美庐					5770.65	5770.65	
	35	周秀英					5770.65	5770.65	
	36	斯月华					5770.65	5770.65	
	37	陈幸福					1675.35	1675.35	

续表

	姓名		薪金	津贴	婴儿津贴	小计	膳金	总计	备考
医务部	38	张承恩					5770.65	5770.65	
	39	邬璀琪					5770.65	5770.65	
	40	虞香梅					5770.65	5770.65	
	41	杨瑞云					5770.65	5770.65	
	42	严雯英					5770.65	5770.65	
	43	倪素俊					5770.65	5770.65	
	44	林美玉					5770.65	5770.65	
	45	孙棣萼					5770.65	5770.65	
	46	陈粹华					5770.65	5770.65	
	47	陈美（梅）卿					5770.65	5770.65	
	48	马焕英					5770.65	5770.65	
	49	陈惠安					5770.65	5770.65	
	50	杨桂莲					5770.65	5770.65	

续表

	姓名		薪金	津贴	婴儿津贴	小计	膳金	总计	备考
医务部	51	孙琴鹤					5770.65	5770.65	
	52	张荷莲					5770.65	5770.65	
	53	沈仁谦					5770.65	5770.65	
	54	马菊英					5770.65	5770.65	
	55	王桂卿					5770.65	5770.65	
	56	陈亚星					5770.65	5770.65	
	57	裘菊英					5770.65	5770.65	
	58	陈素贞					5770.65	5770.65	
	59	庄维藩					5770.65	5770.65	
	60	陈英黛					5770.65	5770.65	
	61	虞觉平					5770.65	5770.65	
	62	郑洸铭					5770.65	5770.65	
	63	孙蔷林					5770.65	5770.65	

续表

	姓名		薪金	津贴	婴儿津贴	小计	膳金	总计	备考
医务部	64	范秀蓉					5770.65	5770.65	
	65	李　衡					5770.65	5770.65	
	66	宓碧霞					5770.65	5770.65	
	67	任瑞英					5770.65	5770.65	
	68	唐美娟					5770.65	5770.65	
	69	江亚灵					5770.65	5770.65	
	70	郭秋霞					5770.65	5770.65	
	71	王缦兮					5770.65	5770.65	
	72	陈爱莲					5770.65	5770.65	
	73	李秀卿					5770.65	5770.65	
	74	葛元华					5770.65	5770.65	
	75	王秀英					5770.65	5770.65	
	76	傅明霞					5770.65	5770.65	

续表

		姓名	薪金	津贴	婴儿津贴	小计	膳金	总计	备考
医务部	77	王倩觐					5770.65	5770.65	
	78	董霞（遐）龄					5770.65	5770.65	
	79	刘菊琴					5770.65	5770.65	
	80	陈碧英					5770.65	5770.65	
	81	蒋克诏[一]					5770.65	5770.65	
	82	葛赛银					5770.65	5770.65	
			16385.00	427090.00	55955.00	499430.00	472275.81	971705.81	
管理部	1	马时飏	500.00	13000.00	1860.00	15360.00	6627.18	21987.18	0.76
	2	沈屏侯	400.00	10400.00	4650.00	15450.00	6627.18	22077.18	0.76
	3	何承宗	400.00	10400.00	1550.00	12350.00	6627.18	18977.18	0.61
	4	洪兆藩	400.00	10400.00	1550.00	12350.00	6627.18	18977.18	0.61
	5	马中洁	250.00	6500.00	1550.00	8300.00	6627.18	14927.18	0.41
			1950.00	50700.00	11160.00	63810.00	33135.90	96945.90	

续表

	姓名		薪金	津贴	婴儿津贴	小计	膳金	总计	备考
修理部	1	郁云卿	700.00	18200.00	4650.00	23550.00	6627.18	30177.18	1.18
	2	张益生	200.00	5200.00	4340.00	9740.00	6627.18	16367.18	0.47
	3	童春兰	150.00	3900.00	1550.00	5600.00	6627.18	12227.18	0.28
	4	董阿贵	150.00	3900.00	1550.00	5600.00	5770.65	11370.65	0.28
			1200.00	31200.00	12090.00	44490.00	25652.19	70142.19	
公益部	1	陈桂芬（棻）	500.00	13000.00	2790.00	16290.00	5301.00	21591.00	0.80
	2	董秀云	450.00	11700.00	1550.00	13700.00	6627.18	20327.18	0.68
	3	郑西铭	300.00	7800.00	1550.00	9650.00	5770.65	15420.65	0.48
	4	李文英	300.00	7800.00	1550.00	9650.00	5770.65	15420.65	0.48
			1550.00	40300.00	7440.00	49290.00	23469.48	72759.48	
厨房	1	刘秀凤	350.00	9100.00	1550.00	11000.00	5770.18	16770.18	0.55
	2	冯岳琴	180.00	4680.00	3720.00	8580.00	6627.65	15207.65	0.43
	3	竺甬川	150.00	3900.00	1550.00	5600.00	6627.65	12227.65	0.28

续表

		姓名	薪金	津贴	婴儿津贴	小计	膳金	总计	备考
厨房	4	俞云昌	180.00	4680.00	1550.00	6410.00	6627.65	13037.65	0.32
	5	陈云棠	150.00	3900.00	1550.00	5600.00	5770.18	11370.18	0.28
			1010.00	26260.00	9920.00	37190.00	31423.31	68613.31	
短工	1	卢传玉				5580.00	6627.65	12207.65	0.28
	2	张文忠				6510.00	6627.65	13137.65	0.32
	3	吕孔亮				5580.00	6627.65	12207.65	0.28
工作部	1	奚大根	150.00	3900.00	1550.00	5600.00	6627.18	12227.18	0.28
	2	张燮生（笙）	150.00	3900.00	3720.00	7770.00	6627.18	14397.18	0.38
	3	卢绪申	200.00	5200.00	2790.00	8190.00	6627.18	14817.18	0.41
	4	卢绪孝	230.00	5980.00	4650.00	10860.00	6627.18	17487.18	0.54
	5	戴顺昌	150.00	3900.00	1550.00	5600.00	6627.18	12227.18	0.28
	6	奚大炳	150.00	3900.00	1550.00	5600.00	6627.18	12227.18	0.28
	7	吕道绵	150.00	3900.00	1550.00	5600.00	6627.18	12227.18	0.28

续表

		姓名	薪金	津贴	婴儿津贴	小计	膳金	总计	备考
工作部	8	刘阿三	150.00	3900.00	2790.00	6840.00	6627.18	13467.18	0.34
	9	董良松	150.00	3900.00	1550.00	5600.00	6627.18	12227.18	0.28
	10	高孝奎	150.00	3900.00	1550.00	5600.00	6627.18	12227.18	0.28
	11	林定甫	150.00	3900.00	1550.00	5600.00	6627.18	12227.18	0.28
	12	舒小来	150.00	3900.00	1550.00	5600.00	6627.18	12227.18	0.28
	13	郭梅仙	150.00	3900.00	1550.00	5600.00	6627.18	12227.18	0.28
	14	任愿（元）恩	150.00	3900.00	4650.00	8700.00	6627.18	15327.18	0.43
	15	陶玉法	150.00	3900.00	1550.00	5600.00	6627.18	12227.18	0.28
	16	李海林	150.00	3900.00	1550.00	5600.00	6627.18	12227.18	0.28
	17	张文金	75.00	1950.00	775.00	2800.00	6627.18	9427.18	0.14
	18	郁宏生	150.00	3900.00	4340.00	8390.00	6627.18	15017.18	0.42
	19	卢殿臣	150.00	3900.00	3720.00	7770.00	6627.18	14397.18	0.38
	20	杨[illegible]英	50.00	1300.00	3720.00	5070.00	6627.18	11697.18	0.25

续表

		姓名	薪金	津贴	婴儿津贴	小计	膳金	总计	备考
工作部	21	刘桂仙	40.00	1040.00	1550.00	2630.00	6627.18	9257.18	0.13
	22	张楼氏	40.00	1040.00	2790.00	3870.00	6627.18	10497.18	0.19
	23	邬阿翠	40.00	1040.00	1550.00	2630.00	6627.18	9257.18	0.13
	24	张徐氏	40.00	1040.00	1550.00	2630.00	6627.18	9257.18	0.13
	25	滕金凤	40.00	1040.00	3720.00	4800.00	5770.65	10570.65	0.24
	26	谢滕氏	40.00	1040.00	3720.00	4800.00	6627.18	11427.18	0.24
	27	毛阿翠	40.00	1040.00	1550.00	2630.00	5770.65	8400.65	0.13
			3235.00	84110.00	64635.00	151980.00	177220.80	329200.80	
洗衣作	28	郁延（贤）庆（卿）	150.00	3900.00	1550.00	5600.00	6627.18	12227.18	0.28
			3385.00	88010.00	66185.00	157580.00	183847.98	341427.98	
短工	1	陈菊堂（棠）[二]				5642.00	6627.65	12269.65	0.28
	2	刘世高				5580.00	6627.65	12207.65	0.28

续表

		姓名	薪金	津贴	婴儿津贴	小计	膳金	总计	备考
短工	3	沈阿根				5580.00	6627.65	12207.65	0.28
	4	萧全茂[三]				5580.00	6627.65	12207.65	0.28
	5	朱星元				5580.00	6627.65	12207.65	0.28
	6	滕阿全				5580.00	6627.65	12207.65	0.28
	7	卓余德				5580.00	6627.65	12207.65	0.28
	8	吴小毛				5580.00	6627.65	12207.65	0.28
	9	卢永如				5580.00	6627.65	12207.65	0.28
	10	孙润源				5580.00	6627.65	12207.65	0.28
	11	冯阿凤				2790.00	6627.65	9417.65	0.14
	12	宣冬娥[四]				2790.00	6627.65	9417.65	0.14
	13	陈翠英				2790.00	6627.65	9417.65	0.14
	14	邵定富（富定）[五]				5580.00	6627.65	12207.65	0.28
	15	杨英法				5580.00	6627.65	12207.65	0.28

续表

		姓名	薪金	津贴	婴儿津贴	小计	膳金	总计	备考
短工	16	林利法				5580.00	6627.65	12207.65	0.28
						80972.00	106042.40	187014.40	46.00
医务部			16385.00	427090.00	55955.00	499430.00	472275.81	971705.81	
工作部			3385.00	88010.00	66185.00	157580.00	183847.98	341427.98	
管理部			1950.00	50700.00	11160.00	63810.00	33135.90	96945.90	
修理部			1200.00	31200.00	12090.00	44490.00	25652.19	70142.19	
公益部			1550.00	40300.00	7440.00	49290.00	23469.48	72759.48	
			24470.00	637300.00	152830.00	814600.00	738381.36	1552981.36	
替工						80972.00	106042.40	187014.40	
半夜班、夜割症							12886.00	12886.00	
总计			24470.00	637300.00	152830.00	895572.00	857309.76	1752881.76	

院长：　　会计：Z. Y. Ma　　覆核员：（印）何承宗　　制表员：（印）马中洁印

【校记与考释】

〔一〕“蒋克诏”，亦见写作“蒋克照”，一般写作“蒋克昭”，以上诸名均指同一人，下同，不另出校。

〔二〕“堂”，据相关文献校作“棠”，下同，不另出校。

〔三〕“萧全茂”，亦见写作“萧传茂”，以上诸名均指同一人，下同，不另出校。

〔四〕“宣冬娥”，亦见写作“宣冬华”，两存之，疑以上诸名均指同一人，下同，不另出校。

〔五〕“定富”，据相关文献校作“富定”，下同，不另出校；“邵富定”，亦见写作“邵甫定”，以上诸名均指同一人。

【说 明】现存《华美医院薪俸津贴膳金报告表（1944 年 1—12 月份）》，限于篇幅，此处仅收录是年 12 月份作参考，此文献现藏于宁波市档案馆，编号：306-1-28。

毕业证明书存根之二（李志良）

学生李志良，系浙江省鄞县人，现年二十二岁，在本院药剂室学习四年期满，考察成绩及格，准予毕业，特给此证。

宁波华美医院院长：丁立成

中华民国三十三年十二月　日给

【说明】

（一）此存根右侧见一行骑缝字号“第十二号”，已被截为半字，骑缝字号处钤印一方，仅残一半印文，据相关文献可知，其印文为“宁波华美医院之钤记”。

（二）此文献现藏于宁波市档案馆，编号：306-1-28。

华华医院年报（1943）

谨将本院三十二年度工作概况缮具报于后，仰祈鉴核。

华华医院治疗年报

计开：

门诊人数：

特别号：初诊 5144 人，复诊 2584 人，合计 7728 人。

普通号：初诊 9478 人，复诊 10322 人，合计 19800 人。

总计 27528 人。

经诊病案数：

内科：初诊 7226 次，复诊 4446 次，合计 11672 次。

外科：初诊 6591 次，复诊 6488 次，合计 13079 次。

产妇科：初诊 1398 次，复诊 748 次，合计 2146 次。

眼科：初诊 1120 次，复诊 1218 次，合计 2338 次。

总计 29235 次。

出诊：

总计 206 次。

住院病人数：

内科 664 人；

产科 112 人；

外科 624 人；

妇科 114 人；

眼科 11 人。

总计 1525 人。

公共卫生：
学校卫生工作 4 校；
治疗学生 93 次；
治疗难童 59 次；
卫生演讲 35 次；
候诊教育 122 次；
家庭访视 48 次；
预防接种：伤寒 5304 人，霍乱 32458 人，种痘 124 人。

住院手术次数：
局部麻醉 388 次；
全身麻醉 122 次。
总计 510 次。

爱克司光部：
拍肺 11 次；
其他治疗 28 次；
透视肺部 1924 次；
透视其他 146 次；
人工气胸 504 次；
其他拍片 79 次。
总计 2692 次。

化验部：
一般检查：
　　血液 9019 次；

大便 2785 次；

小便 2449 次；

痰 626 次；

脊髓液 53 次；

胃液 59 次；

其他 170 次。

特种检查：

细菌检查 1887 次；

血液化验检查 544 次；

梅毒血清检查 8173 次；

病理组织检查 22 次。

总计 25787 次。

华华医院三十二年收支总账

收入之部：

住院病人 2140491.10 元；

门诊病人 1027307.05 元；

杂项收入 55436.85 元；

捐款 51000.00 元；

共计 3274235.00 元。

支出之部：

医药部 1514974.34 元；

工作部 1128954.05 元；

管理部 138575.09 元；

添置修理部 336032.36 元；

公益部 71826.65 元；

贫病救济费 175619.85 元；

共计3365984.34元。

本年度收支相抵，计短亏91749.34元，由病人预存款下垫补之。

三十二年度收支对照

收入之部：

上年流存26897.12元；

本年总收3274235.00元；

病人存款1461500.00元；

合计4762632.12元。

支出之部：

本年总支出3365984.34元；

病人存款退还1364255.15元；

存现32392.63元；

合计4762633.12元。

三十二年捐款台衔：

郑子荣君，经募1500.00元；郑传荣君，经募1500.00元；周茂昌君，捐助1000.00；陈孟略君，经募2900.00元；周师母阿娥，捐助100.00元；周吴复贞女士，捐助5000.00元；杨望信女士，捐助1000.00元；任荣生君，经募14000.00元；叶友才君，经募13000.00元；崔银洲君，经募11000.00元。

合计51000.00元。

【说明】此文献现藏于宁波市档案馆，编号：306-1-27。

1945 年

华华医院院务会议记录（1945.3.5）

华华医院卅四年度第一次院务会议记录

日期：三月五日。

时间：下午新钟八时。

地点：夏宅。

出席者：丁、夏、洪、马、钟、郁、倪、李、何。马时飏先生病，仍缺席。

一、由郁先生祈祷开会。

二、讨论事项：

1. 院长提，米价突然猛涨，本院简章及手术等费应否照前议，以单位价增加，请核议案。议决：

a. 三月十六日起一单位定为 400 元。

b. 普通号：初诊改为 100 元，复诊 50 元。

c. 房间单位数仍照去年十一月十一日所定者，普通改为一单位半；三月十六日起，特等每日 3200 元，米 1 升，预缴费 50000 元；头等每日 2400 元，米 1 升，预缴费 40000 元；二等每日 1600 元，米 1 升，预缴费 30000 元；三等每日 1200 元，米 1 升，预缴费 25000 元；普通每日 600 元，米 1 升，预缴费 15000 元。

d. 特别号：初诊 800 元，复诊 400 元。

e. 照镜化验：普通 1000 元至 5000 元，房间 1500 元至 8000 元。

f. 平产接产费，房间自 1 万至 2 万，普通照旧（8000 至 1 万）。

g. 手术费亦照 12 月 22 日所定单位，以 400 元一单位计算。

2. 院长提，上海董医师来函介绍林、陈二医师来院服务，应否聘请案。议决：索阅履历单后再行决定。

3. 本院职工尤其是下级工友部薪给无法维持家庭生计，应否设法加给米贴，请核议案。议决：凡本院职工每月发给米贴一斗，其价照前一月末病人米收入所折价格计算，其米贴之四分之一由原发薪给额内拨发之，四分之三由医院另行加给，于每月五日发给。

三、散会。

三月六日第二次会议因故未开。

【说明】此文献现藏于宁波市档案馆，编号：306-1-10，误编入 1933 年卷宗。

华华医院院务会议记录（1945.3.10）

华华医院卅四年度第三次院务会议记录

日期：三月十日。

时间：下午八时。

地点：夏宅。

出席者：丁、夏、马、钟四医师，倪小姐，李小姐，郁先生，何先生，洪医师。马先生因病缺席。

一、由郁先生祈祷开会。

二、讨论事项：

□□昨日议决，加发职工米贴颇有异议之论，是否应予改变，请核议案。议决：取消昨日议案，以增加工友薪水底数提高工友待遇，且定男工友为20—25元，女工友5—7元。

三、散会。

【说 明】此文献现藏于宁波市档案馆，编号：306-1-10，误编入1933年卷宗。

毕业证明书存根（丁闰训）

学生丁闰训，系浙江省鄞县人，现年二十二岁，在本院学习病理化验科三年，考查成绩及格，准予毕业，此证。

民国三十四年四月

美 No.8

【说明】

（一）此存根右侧见一行骑缝字号“验字第十一号”，已被截为半字，骑缝字号处钤印一方，仅残一半印文，据相关文献可知，其印文为“宁波华美医院之钤记”。

（二）此文献现藏于宁波市档案馆，编号：306–1–29。

服务证明书存根（倪素琴）

Telegraphic Address:	宁波华美医院
Hwameihos-Ningpo	Hwa Mei Hospital
	Ningpo, China

存根

服务证明书

查倪素琴，现年三十二岁，浙江省镇海县人，于一九三五年五月至一九三七年任本院（华美）高级护士职业学校（以下简称“本校”）教员，一九三八年至一九三九年任本校教务长，至一九四〇年由本院保送至北平协和医院师资进修班进修一年，籍资深造，一九四一年期满后仍回本校任教务长职，自一九四二年至一九四五年四月期内任本校校长兼本院护士主任，先后服务九年，勤慎干练，成绩卓著，特予证明如右。

院长：丁立成

中华民国三十四年四月　日（印）宁波华美医院之钤记

【说明】此文献现藏于宁波市档案馆，编号：306-1-29。

华美护校第21届（1945）毕业生组影

【图释与说明】

（一）此照片摄于新院内华美护校新校舍前。“新院内华美护校新校舍”，本书卷二第253—256页等处曾作“医院护士宿舍楼”，不甚准确，径改。

（二）此照片反面题记“全体同班生合摄于毕业年临别时”。

（三）此照片前排右起，第二位是陈洛意。

（四）陈洛意系华美护校第21届（1945）毕业生。据此可知，其应摄于1945年5月12日。

（五）此照片由赵奇恩提供。

【图释与说明】

（一）此照片摄于新院内华美护校新校舍前。

（二）此照片反面题记“华美医院护士班”。

（三）据此照片与上述照片所见相同人物容貌、着装对比，其摄于同时。

（四）此照片由赵奇恩提供。

陈洛意正面戴护士冠半身照

【图释与说明】

（一）陈洛意，1923 年前后出生，浙江奉化人，1945 年华美护校毕业，华美医院护士。

（二）此照片右下方印有“皇后电影照相”诸字，系照相馆商标。

（三）据此照片与本书 1945 年档案《华美护校第 21 届（1945）毕业生组影》相同人物容貌对比，其摄于同时。

（四）此照片由赵奇恩提供。

陈洛意等四名护士手持药箱合影

【图释与说明】

（一）此照片左起，第三位是陈洛意。

（二）据此照片与本书 1945 年档案《陈洛意与卫生队同仁合影》和 1947 年档案《陈洛意旅法组影》所见相同人物容貌对比，其或摄于同时。

（三）此照片由赵奇恩提供。

华华医院院务会议记录（1945.5.24）

华华医院卅四年度第四次院务会议记录

日期：五月二十四日。

时间：下午八时。

地点：夏宅。

出席者：丁、夏、洪、刘四医师，郁先生、马先生、何承宗、王小姐、李小姐。马医师因病缺席，钟、张二医师因行手术缺席。

讨论事项：

1. 简章所定各费应否酌改，请核议案。议决：六月一日起更改为如下：

普通号号费：初诊二百元，复诊一百元。

特别号号费：初诊一千五百元，复诊一千元。

入院时预付款：特等五万元；头等五万元；二、三等三万元；普通二万元。

爱克司光镜检查及化验费每次自二千元至二万元。

平产接产费房间自二万元至四万元；普通自一万六千元至二万元。

婴儿费每日自五百元至一千元。

产妇包敷料每日自一千至二千元。

外科包敷料每日自一千至三千元。

2. 前定手术费以米为标准，本月米价飞涨，应否酌量调整，请核议案。议决：改为甲种大手术自 1 石 6 斗至 4 石；乙种大手术自 1 石至 2 石；甲种中手术自 6 斗至 1 石 5 斗；乙种中手术自 4 斗至 8 斗；小手术自 2 斗至 5 斗。

散会。

【说 明】此文献现藏于宁波市档案馆，编号：306-1-10，误编入 1933 年卷宗。

华华医院院务会议记录（1945.6.25）

华华医院卅四年度第五次院务会议记录

日期：六月二十五日。

时间：下午新钟二时。

地点：夏宅。

出席者：丁、夏、钟、郁、马、王、李、何。马、洪二医师缺席。

讨论事项：

1. 城区实施存粮登记，本院所存米谷应如何登记，请核议案。议决：

a. 存五楼个人所有米谷，归为个人负责。

b. 存院薪水米未取者，即日取去。

c. 明日起病人折价缴米者，其价稍较市价低些，奖励缴款。

d. 实报。

散会。

【说 明】此文献现藏于宁波市档案馆，编号：306-1-10，误编入 1933 年卷宗。

华华医院院务会议记录（1945.7.2）

华华医院卅四年度第六次院务会议记录

日期：七月二日。

时间：下午新钟八时。

地点：夏宅。

出席者：丁、夏、洪、钟、马、李、王、何。马医生因病，郁先生因事请假。

一、报告事项：院长报告：

1. 本届常务董事会议决，本院存粮登记及呈覆县府，本院业已解除敌产嫌疑，免除与中储行订立租赁契约。

2. 毛董事来函为医院急需，可电彼向企业先行透支。

二、讨论事项：

1. 院长提，工友部郁先生事务过繁，已由院长兼管，应否订立工友服务规程，请核议案。议决：推马先生、李小姐、何先生起草。

三、散会。

【说 明】此文献现藏于宁波市档案馆，编号：306-1-10，误编入1933年卷宗。

华华医院院务会议记录（1945.7.26）

华华医院卅四年度第七次会议记录

日期：七月二十六日。

时间：下午新钟八时。

地点：夏宅。

出席者：丁、夏、洪、钟、马、王、李、何。马先生因病，郁先生因事请假。

一、讨论事项：

1. 院长提，本院简章取费各条于六月一日改订后业已二月，应否再行调整案。议决：八月一日起改订如下：

普通号费照旧。

特别号费：初诊 3000 元；复诊 2000 元。

预存款：特、头等 80000 元；二、三等 60000 元；普通 40000 元。

化验及照镜自 5000 元至 50000 元。

平产接产费房间 50000 元至 100000 元；普通 40000 元至 50000 元。

婴儿看护费每日自 1000 元至 2000 元。

敷料费每日自 3000 元至 6000 元。

二、散会。

【说明】此文献现藏于宁波市档案馆，编号：306-1-10，误编入 1933 年卷宗。

服务证明书之二（张开甫）

Telegraphic Address: 宁波华美医院

Hwameihos-Ningpo Hwa Mei Hospital

Ningpo, China

服务证明书

查医师张开甫，浙江省鄞县人，自民国卅二年一月至民国卅四年六月，在上开期内续任本院外科助理医师，特此证明。

院长：丁立成

民国三十四年七月　日

【说明】此文献现藏于宁波市档案馆，编号：306-1-29。

陈洛意与卫生队同仁合影

【说明】

（一）此照片左右两边门柱各挂一方门牌，分别见有“□立中心医院□”“□鄞县卫生□”诸字。

（二）此照片前排右起，第一位是谢瑞云，第二位是陈洛意。

（三）此照片右下方印有“万利照相 Wan Lee Studio”中英文诸字及图案，系照相馆商标。

（四）此照片反面题记“胜利年十月二十五日，卫生队同仁合影，白护士帽第二是谢瑞云”。上述题记所言“胜利年”指中国人民抗日战争胜利之年（1945）。

（五）此照片由赵奇恩提供。

浙江省收复各县市医务状况调查表（华美医院）

浙江省收复各县市医务状况调查表

中华民国三十四年十月廿九日查填

<table>
<tr><td>名称</td><td colspan="3">华美医院</td><td>地址</td><td>宁波望京路1号</td><td>公营或私营</td><td>私立</td></tr>
<tr><td>内部人员</td><td>姓名</td><td>性别</td><td>年龄</td><td>籍贯</td><td>出身经历及所领征（证）照字号〔一〕</td><td>有何专长</td><td>住址</td></tr>
<tr><td>负责人</td><td>丁立成</td><td>男</td><td>54</td><td>镇海</td><td>齐鲁大学毕业，医字2753号</td><td>内科</td><td>本院</td></tr>
<tr><td rowspan="12">其他人员</td><td>夏禹铭</td><td>男</td><td>54</td><td>奉化</td><td>日本九州帝国大学毕业，医学字1891号</td><td>内科</td><td>本院</td></tr>
<tr><td>洪家翰</td><td>男</td><td>50</td><td>余姚</td><td>北京协和医院，通字第383号</td><td>外科、眼科</td><td>本院</td></tr>
<tr><td>刘贤良</td><td>男</td><td>47</td><td>鄞</td><td>宁波浸会医学院，通字第382号</td><td>内科</td><td>本院</td></tr>
<tr><td>马友芳</td><td>男</td><td>48</td><td>鄞</td><td>北京协和医院，通字第381号</td><td>外科</td><td>本院</td></tr>
<tr><td>钟怡阶</td><td>女</td><td>34</td><td>广东梅县</td><td>上海女子医学院毕业</td><td>产妇科</td><td>本院</td></tr>
<tr><td>俞佩英</td><td>女</td><td>28</td><td>慈溪</td><td>上海东南医学院毕业</td><td></td><td>本院</td></tr>
<tr><td>滕国榕</td><td>男</td><td>29</td><td>永嘉</td><td>上海东南医学院毕业</td><td></td><td>本院</td></tr>
<tr><td>药剂人员</td><td>3员</td><td></td><td></td><td></td><td></td><td></td></tr>
<tr><td>化验人员</td><td>5员</td><td></td><td></td><td></td><td></td><td></td></tr>
<tr><td>事务人员</td><td>7员</td><td></td><td></td><td></td><td></td><td></td></tr>
<tr><td>护士</td><td>22员</td><td></td><td></td><td></td><td></td><td></td></tr>
<tr><td>护生</td><td>32员</td><td></td><td></td><td></td><td></td><td></td></tr>
</table>

续表

<table>
<tr><td rowspan="2">过去情形</td><td>开业年月</td><td>民前六十八年</td><td colspan="2">经费或资本</td><td colspan="3">民国十六年时设备费约为三十万元</td><td>歇业原因及日期</td><td></td></tr>
<tr><td>原有人员现在何处</td><td colspan="2">主要人要（员）无变更〔二〕</td><td colspan="3">原有设备概况及保存或移转情形</td><td>保持原状</td><td>有未损失及其情形</td><td>被敌人取去没收供品，约值现币四百万，□汽车一辆被占用。</td></tr>
<tr><td rowspan="2">现在情形</td><td>设备概况</td><td>原状无变更</td><td colspan="2">业务概况</td><td>范围较前紧缩</td><td colspan="2" rowspan="2">经费所及来源</td><td colspan="2" rowspan="2">1. 业务收入；
2. 教会拨助；
3. 病家自动捐助。</td></tr>
<tr><td>各级人员待遇情形</td><td>自四千元至三万元</td><td colspan="2">将来计划</td><td>拟图扩展</td></tr>
</table>

【校记】

〔一〕“征”，据文义校作“证”。

〔二〕“要”，据文义校作“员”。

【说明】此文献现藏于宁波市档案馆，编号：306-4-1，误编入 1952 年卷宗。

服务证明书（胡叔云）

Telegraphic Address:
Hwameihos-Ningpo

宁波华美医院
Hwa Mei Hospital
Ningpo, China

服务证明书

查护士胡叔云，现年二十六岁，浙江省镇海县人，自民国三十二年一月起，至民国三十四年十一月，期内在本院服务，成绩优良，特此证明。

院长：丁立成

中华民国卅四年十一月十六日（印）宁波华美医院之钤记

【说明】此文献现藏于宁波市档案馆，编号：306-1-29。

华华医院薪俸津贴膳金报告表（1945年12月份）

		姓名	薪金	津贴	婴儿津贴	小计	膳金	总计	备考
医务部	1	丁立成	2000.00	68000.00		70000.00	3770.00	73770.00	
	2	夏禹铭	2000.00	68000.00		70000.00	3770.00	73770.00	
	3	洪约翰	1700.00	57800.00		59500.00	3770.00	63270.00	
	4	马友芳	1400.00	47600.00		49000.00	3770.00	52770.00	
	5	刘贤良	1300.00	44200.00		45500.00	3770.00	49270.00	
	6	钟怡阶	1000.00	34000.00		35000.00	4713.86	39713.86	
	7	滕国榕	500.00	17000.00		17500.00	4713.86	22213.86	
	8	俞佩英〔六〕	500.00	17000.00		17500.00	4713.86	22213.86	
	9	张成志	550.00	18700.00		19250.00	3770.00	23020.00	
	10	郑其炳	360.00	12240.00		12600.00	4713.86	17313.86	
	11	李志良	250.00	8500.00		8750.00	4713.86	13463.86	

续表

	姓名		薪金	津贴	婴儿津贴	小计	膳金	总计	备考
医务部	12	许国芳	400.00	13600.00		14000.00	4713.86	18713.86	
	13	沈守德	400.00	13600.00		14000.00	4713.86	18713.86	
	14	陈信德	200.00	6800.00		7000.00	4713.86	11713.86	
	15	丁闺训	200.00	6800.00		7000.00	4713.86	11713.86	
	16	李乃绥	400.00	13600.00		14000.00	4713.86	18713.86	
	17	王秀霞	400.00	13600.00		14000.00	4713.86	18713.86	
	18	刘秀凤	350.00	11900.00		12250.00	4713.86	16963.86	
	19	彭琼珠	350.00	11900.00		12250.00	4713.86	16963.86	
	20	王恩美	350.00	11900.00		12250.00	4713.86	16963.86	
	21	陈育敏	300.00	10200.00		10500.00	4713.86	15213.86	
	22	朱守奋	300.00	10200.00		10500.00	4713.86	15213.86	
	23	丁庭训	300.00	10200.00		10500.00	4713.86	15213.86	
	24	马丽雅	300.00	10200.00		10500.00	4713.86	15213.86	

续表

	姓名		薪金	津贴	婴儿津贴	小计	膳金	总计	备考
医务部	25	金玉贞[七]	250.00	8500.00		8750.00	4713.86	13463.86	
	26	胡　滨	250.00	8500.00		8750.00	4713.86	13463.86	
	27	张冰梅	200.00	6800.00		7000.00	4713.86	11713.86	
	28	马焕英	200.00	6800.00		7000.00	4713.86	11713.86	
	29	倪素俊	200.00	6800.00		7000.00	4713.86	11713.86	
	30	陈瑞华	200.00	6800.00		7000.00	4713.86	11713.86	
	31	李秀卿	200.00	6800.00		7000.00	4713.86	11713.86	
	32	刘丽琴		1400.00		1400.00	4713.86	6113.86	
	33	杨桂莲					4713.86	4713.86	
	34	孙琴鹤					4713.86	4713.86	
	35	张荷莲					4713.86	4713.86	
	36	沈仁谦					4713.86	4713.86	
	37	马菊英					4713.86	4713.86	

续表

	姓名		薪金	津贴	婴儿津贴	小计	膳金	总计	备考
医务部	38	陈亚星					4713.86	4713.86	
	39	陈碧英					4713.86	4713.86	
	40	王桂卿					4713.86	4713.86	
	41	裘菊英					4713.86	4713.86	
	42	陈素贞					4713.86	4713.86	
	43	庄维藩					4713.86	4713.86	
	44	陈英黛					4713.86	4713.86	
	45	虞觉平					4713.86	4713.86	
	46	郑洸铭					4713.86	4713.86	
	47	孙蔷林					4713.86	4713.86	
	48	范秀蓉					4713.86	4713.86	
	49	李　衡					4713.86	4713.86	
	50	宓碧霞					4713.86	4713.86	

续表

	姓名		薪金	津贴	婴儿津贴	小计	膳金	总计	备考
医务部	51	任瑞英					4713.86	4713.86	
	52	唐美娟					4713.86	4713.86	
	53	江亚灵					4713.86	4713.86	
	54	郭秋霞					4713.86	4713.86	
	55	王缦兮					4713.86	4713.86	
	56	葛元华					4713.86	4713.86	
	57	王秀英					4713.86	4713.86	
	58	王倩觐					4713.86	4713.86	
	59	董遐龄					4713.86	4713.86	
	60	刘菊琴					4713.86	4713.86	
	61	蒋克昭					4713.86	4713.86	
	62	何绣章					4713.86	4713.86	
	63	胡嘉荷					4713.86	4713.86	
	64	赵文英					4713.86	4713.86	

续表

	姓名		薪金	津贴	婴儿津贴	小计	膳金	总计	备考
医务部	65	柯婉馨					4713.86	4713.86	
	66	袁芳梅					4713.86	4713.86	
	67	柴志美					4713.86	4713.86	
	68	唐青华					4713.86	4713.86	
			17310.00	589940.00		607250.00	314878.72	922128.72	
							0.60	0.60	补差数
	69	葛赛银					4713.86	4713.86	
			17310.00	589940.00		607250.00	319593.18	926843.18	
工作部	1	奚大根	100.00	4400.00		4500.00	4713.86	9213.86	
	2	张燮生（笙）	100.00	4400.00		4500.00	4713.86	9213.86	
	3	戴顺昌	100.00	4400.00		4500.00	4713.86	9213.86	
	4	奚大炳	100.00	4400.00		4500.00	4713.86	9213.86	
	5	吕道绵	100.00	4400.00		4500.00	4713.86	9213.86	

续表

	姓名		薪金	津贴	婴儿津贴	小计	膳金	总计	备考
工作部	6	刘阿三	100.00	4400.00		4500.00	4713.86	9213.86	
	7	董良松	100.00	4400.00		4500.00	4713.86	9213.86	
	8	高孝奎	100.00	4400.00		4500.00	4713.86	9213.86	
	9	林定甫	100.00	4400.00		4500.00	4713.86	9213.86	
	10	郭梅仙	100.00	4400.00		4500.00	4713.86	9213.86	
	11	任愿（元）恩	100.00	4400.00		4500.00	4713.86	9213.86	
	12	李海林	100.00	4400.00		4500.00	4713.86	9213.86	
	13	郁宏生	100.00	4400.00		4500.00	4713.86	9213.86	
	14	卢殿臣	100.00	4400.00		4500.00	4713.86	9213.86	
	15	童春兰	100.00	4400.00		4500.00	4713.86	9213.86	
	16	董阿贵	100.00	4400.00		4500.00	4713.86	9213.86	
	17	杨筠英	60.00	2640.00		2700.00	4713.86	7413.86	
	18	刘桂仙	50.00	2200.00		2250.00	4713.86	6963.86	
	19	张楼氏	50.00	2200.00		2250.00	4713.86	6963.86	

续表

		姓名	薪金	津贴	婴儿津贴	小计	膳金	总计	备考
工作部	20	邬阿翠	50.00	2200.00		2250.00	4713.86	6963.86	
	21	张徐氏	50.00	2200.00		2250.00	4713.86	6963.86	
	22	滕金凤	50.00	2200.00		2250.00	4713.86	6963.86	
	23	谢滕氏	50.00	2200.00		2250.00	4713.86	6963.86	
	24	毛阿翠	50.00	2200.00		2250.00	4713.86	6963.86	
			2010.00	88440.00		90450.00	113132.64	203582.64	
〔短〕〔工〕〔一〕	1	石永恩				4050.00	4713.86	8763.86	
	2	陈菊棠				5400.00	4713.86	10113.86	
	3	萧全茂				4050.00	4713.86	8763.86	
	4	刘世高				4050.00	4713.86	8763.86	
	5	朱华成				4050.00	4713.86	8763.86	
	6	吴小毛				4050.00	4713.86	8763.86	
	7	孙润源				4050.00	4713.86	8763.86	

续表

	姓名		薪金	津贴	婴儿津贴	小计	膳金	总计	备考
工作部	8	滕阿全				4050.00	4713.86	8763.86	
	9	卢永如				4050.00	4713.86	8763.86	
	10	卓余德				4050.00	4713.86	8763.86	
	11	陈彩英				2025.00	4713.86	6738.86	
	12	宣冬娥				2025.00	4713.86	6738.86	
	13	冯阿凤				2025.00	4713.86	6738.86	
	14	梁福春				4050.00	4713.86	8763.86	
						51975.00	65994.04	117969.04	
〔管〕〔理〕〔部〕〔三〕	1	马时飏	500.00	17000.00		17500.00	4713.86	22213.86	
	2	沈屏侯	400.00	13600.00		14000.00	4713.86	18713.86	
	3	何承宗	400.00	13600.00		14000.00	4713.86	18713.86	
	4	洪兆藩	400.00	13600.00		14000.00	4713.86	18713.86	
	5	马中洁	300.00	10200.00		10500.00	4713.86	15213.86	

续表

	姓名		薪金	津贴	婴儿津贴	小计	膳金	总计	备考
	6	陶德生	200.00	6800.00		7000.00	4713.86	11713.86	
	7	白小姐		5000.00		5000.00	2356.93	7356.93	
			2200.00	79800.00		82000.00	30640.09	112640.09	
〔修〕〔理〕〔部〕〔三〕	1	郁云卿	700.00	23800.00		24500.00	4713.86	29213.86	
	2	张益生	140.00	6160.00		6300.00	4713.86	11013.86	
	3	卢绪孝	150.00	6600.00		6750.00	4713.86	11463.86	
	4	卢绪申	135.00	5940.00		6075.00	4713.86	10788.86	
			1125.00	42500.00		43625.00	18855.44	62480.44	
〔公〕〔益〕〔部〕〔四〕	1	陈桂芬（菜）	500.00	17000.00		17500.00	3770.00	21270.00	
	2	董秀云	450.00	15300.00		15750.00	4713.86	20463.86	
	3	郑西铭	350.00	11900.00		12250.00	4713.86	16963.86	
	4	李文英	350.00	11900.00		12250.00	4713.86	16963.86	
	5	陈洛意	200.00	6800.00		7000.00	4713.86	11713.86	

续表

	姓名		薪金	津贴	婴儿津贴	小计	膳金	总计	备考
			1850.00	62900.00		64750.00	22625.44	87375.44	
〔厨〕〔房〕〔五〕	1	张承恩	200.00	6800.00		7000.00	4713.86	11713.86	
	2	冯岳琴	120.00	5280.00		5400.00	4713.86	10113.86	
	3	竺甬川	100.00	4400.00		4500.00	4713.86	9213.86	
	4	陈云棠	120.00	5280.00		5400.00	4713.86	10113.86	
	5	朱星元		4050.00		4050.00	4713.86	8763.86	
	6	张文忠		4050.00		4050.00	4713.86	8763.86	
	7	卢传玉		4050.00		4050.00	4713.86	8763.86	
	8	吕孔亮		5400.00		5400.00	4713.86	10113.86	
			540.00	39310.00		39850.00	37710.88	77560.88	
医务部			17310.00	589940.00		607250.00	319593.18	926843.18	
工作部			2010.00	88440.00		90450.00	113132.64	203582.64	
管理部			2200.00	79800.00		82000.00	30640.09	112640.09	

续表

姓名	薪金	津贴	婴儿津贴	小计	膳金	总计	备考
修理部	1125.00	42500.00		43625.00	18855.44	62480.44	
公益部	1850.00	62900.00		64750.00	22625.44	87375.44	
总数	24495.00	863580.00		888075.00	504846.79	1392921.79	
替工				51975.00	65994.04	117969.04	
半夜班及夜割症					10275.00	10275.00	
	24495.00	863580.00		940050.00	581115.83	1521165.83	

院长:　　会计:Z. Y. Ma　　覆核员:(印)何承宗　　制表员:(印)马中洁印

【校记】

〔一〕“短工”，据相关文献补。

〔二〕“管理部”，据相关文献补。

〔三〕“修理部”，据相关文献补。

〔四〕“公益部”，据相关文献补。

〔五〕“厨房”，据相关文献补。

〔六〕“俞佩英”，亦见写作“俞培英”，以上诸名均指同一人，下同，不另出校。

〔七〕“金玉贞”，亦见写作“金玉珍”，以上诸名均指同一人，下同，不另出校。

【说明】现存《华美医院薪俸津贴膳金报告表（1945 年 1—12 月份）》，限于篇幅，此处仅收录是年 12 月份作参考。此文献现藏于宁波市档案馆，编号：306-1-29。

宁波华美儿童主日学合影（1945）

【图释与说明】

（一）此照片摄于新院拱形门前。

（二）此照片正上方题“一九四五年宁波华美儿童主日学”。

（三）此照片后排左起，第三位是董秀云。

（四）此照片由李跃敏提供。

服务证明书之一（丁庭训）

服务证明书

查护士丁庭训，年二十四岁，浙江省镇海县人，自一九四三年五月在本院附设护士学校毕业后继续在本院服务，担任各病室护士主任，直至一九四五年十二月份止，于上开期间成绩优良，特此证明如右。

院长：丁立成

中华民国卅四年十二月三十一日

宁波华美医院用笺

【说明】此文献现藏于宁波市档案馆，编号：306-1-29。

华华医院年报（1944）

谨将本院三十三年度工作数字及经费收支总数缮具报告于后，仰祈鉴核。〔一〕

华华医院治疗统计年报〔二〕

一、门诊人数

1. 特别号：初诊 5305 人，复诊 2629 人，合计 7934 人。

2. 普通号：初诊 9578 人，复诊 10484 人，合计 20062 人。

总计 27996 人。

二、经诊病案数

1. 内科：初诊 7990 次，复诊 4455 次，合计 12445 次。

2. 外科：初诊 7168 次，复诊 6025 次，合计 13193 次。

3. 产妇科：初诊 1333 次，复诊 699 次，合计 2032 人。

4. 眼科：初诊 1389 次，复诊 1934 次，合计 3323 人。

总计 30993 次。

三、出诊

179 次。

总计 179 次。

四、住院病人人数

1. 内科 663 人。

2. 外科 634 人。

3. 产科 86 人。

4. 妇科 95 人。

5. 眼科 21 人。

总计 1499 人。

五、公共卫生工作

1. 治疗所求（救）治病人 898 人。〔三〕

2. 学校卫生工作 4 校。

3. 治疗学生 798 次。

4. 治疗难童 662 次。

5. 卫生演讲 107 次。

6. 候诊教育 168 次。

7. 家庭访视 56 次。

8. 预防接种:（1）牛痘 2163 人,（2）伤寒 3487 人,（3）霍乱 14295 人。

备考：公共卫生工作，除治疗所每人收号费一元外，其余完全义务，不收任何费用。〔四〕

六、住院病人手术次数

1. 局部麻醉 239 次。

2. 全身麻醉 130 次。

总计 369 次。

七、爱克司光室工作

1. 拍照 26 次。

2. 肺部透视 2363 次。

3. 其他透视 131 次。

4. 人工气胸 733 次。

总计 3253 次。

八、化验室工作

（一）一般检查

1. 血液 9132 次。

2. 大便 2627 次。

3. 小便 2302 次。

4. 脓液 899 次。

5. 痰 597 次。

6. 脊髓液 188 次。

7. 胃液 38 次。

8. 其他 227 次。

总计 16010 次。

（二）特种检查

1. 细菌检查 648 次。

2. 化学检查 455 次。

3. 梅毒血清检查 8452 次。

4. 病理组织检查 13 次。

总计 9568 次。

华华医院三十三年度经费收支报告〔五〕

收入之部：

住院病人 12720128.00 元；

门诊病人 6234740.10 元；

什项 285921.88 元；

捐款 155300.00 元；

共计 19396089.98 元。

支出之部：

医药部 7327783.40 元；

工作部 9627847.70 元；

管理部 777562.50 元；

修理添置部 1171582.70 元；

公益部 1583925.40 元；

共计 20488701.70 元。

备考：〔六〕本年度收支相抵外，计短亏 1092611.72 元，暂由住院病人预存款项下垫补之。

三十三年度收支对照〔七〕

收入之部：

上年流存 32393.26 元；

本年总收 19396089.98 元；

病人存款 10215224.00 元；

合计 29643707.24 元。

支出之部：

本年总支出 20488701.70 元；

病人存款退还 8957341.50 元；

存现（即病人预存款）197664.04 元；

合计 29643707.24 元。

附录：三十三年捐款台衔

周士英先生 65000.00 元（早谷五千斤，早稻第二价）;〔八〕李企壮先生 30000.00 元；谢师长经募，周舟舜君 20000.00 元；葛善庆先生 20000.00 元；沈灏先生 10000.00 元;〔九〕陈九如先生 3500.00 元；李聘三先生 3000.00 元;戚元坤先生 1800.00 元;傅丽矦先生 1000.00 元;丁先生(三北人）1000.00 元。

总计 155300.00 元。

华华医院历年度病人收费比较表

（自民国二十四年至民国三十三年）[一〇]

类别 年度	门诊病人人数（人）	门诊收费总额（元）	门诊每人平均（元）	住院病人人数（人）	住院收费总额（元）	住院每人平均（元）
二十四年度	17310	14736	0.86	1354	45102	33.31
二十五年度	20753	17993	0.87	1620	52966	32.70
二十六年度	21062	23556	1.12	1778	59033	33.20
二十七年度	25429	31041	1.22	1601	50915	31.80
二十八年度	33125	49217	1.49	2303	70562	30.64
二十九年度	41155	89861	2.19	2643	115817	43.82
三十年度	26481	92085	3.40	2068	203096	98.20
三十一年度	24506	182493	7.40	1608	370407	230.40
三十二年度	27528	1027307	37.30	1525	2140491	1403.50
三十三年度	27996	6234740	222.70	1499	12720128	8485.70

附陈：

接上表统计，本院卅三年度收费平均数额与事变前相比较，仅增二百余倍，惟外来之药品价格，最低者千余倍，高昂者数千倍不等，故收支之不能平衡是可想见矣，尤其是本院住院病人，因供膳食及衣服被褥等关系，设备既繁，耗费更巨，盖市上日用必需品价格之飞腾，实足惊人，虽经内部一再力事节约，业已达到省无可再省之境地，并历倾其旧蓄物品，更无法再事补充外，经济竭蹶之状，几有维持为难之虞，来日方长，后难为继，尤期地方父老热心人士赐予补助指导为幸。

【说明】

（一）现知此年报存两件，一件手写本，一件油印本，其相异之处校记之，以供参考。

（二）此年报手写本、油印本，均现藏于宁波市档案馆，编号：306-1-28。

【校记】

〔一〕“谨将本院三十三年度工作数字及经费收支总数缮具报告于后，仰祈鉴核”，油印本无。

〔二〕“统计”，手写本无。

〔三〕“求”，据文义校作“救”。

〔四〕“备考：公共卫生工作，除治疗所每人收号费一元外，其余完全义务，不收任何费用”，手写本无。

〔五〕“经费”，手写本无。

〔六〕“备考”，手写本无。

〔七〕“三十三年度收支对照”及此标题下内容，油印本无。

〔八〕“早稻第二价”，手写本无。

〔九〕“先生”，手写本无。

〔一〇〕“华华医院历年度病人收费比较表（自民国二十四年至民国三十三年）”及此标题下内容，手写本无。

1946年

鄞县医师公会会员入会申请书（钟怡阶）

鄞县医师公会会员入会申请书

<table>
<tr><td>姓名</td><td>钟怡阶</td><td>年龄</td><td>35</td><td>性别</td><td>女</td><td>籍贯</td><td>广东梅县</td></tr>
<tr><td>出身</td><td colspan="7">上海女子医学院毕业</td></tr>
<tr><td>经历</td><td colspan="7">曾任上海仁济医院医师二年，任华美医院医师五年。</td></tr>
<tr><td>证书号数</td><td colspan="2">申请中</td><td>开业地址</td><td colspan="4">华美医院</td></tr>
<tr><td>通讯处</td><td colspan="7">华美医院</td></tr>
<tr><td>申请人</td><td colspan="7">钟怡阶（印）钟怡阶印</td></tr>
<tr><td colspan="8"></td></tr>
<tr><td colspan="8">中华民国三十五年二月廿日</td></tr>
</table>

【说明】此文献现藏于宁波市档案馆，编号：旧4-1-345。

鄞县医师公会会员入会申请书（马友芳）

鄞县医师公会会员入会申请书

姓名	马友芳	年龄	49	性别	男	籍贯	鄞县
出身	宁波浸会医学院毕业						
经历	曾任北京协和医院医师，任华美医院医师二十五年，现仍供斯职。						
证书号数	通字第 381 号		开业地址	华美医院			
通讯处	华美医院						
申请人	马友芳（印）马友芳						

中华民国三十五年二月廿日							

【说明】

（一）此申请书所贴照片右下方钤椭圆形浅紫印，仅残一半印文，据相关文献可知，其印文为“Hwa Mei Hospital, Ningpo, China 宁波华美医院”。

（二）此文献现藏于宁波市档案馆，编号：旧 4-1-345。

鄞县医师公会会员入会申请书（戚伟良）

鄞县医师公会会员入会申请书

姓名	戚伟良	年龄	51	性别	男	籍贯	鄞
出身	华美医院附设浸会医学校						
经历	曾任华美医院、嘉兴福音院医师。						
证书号数	通字 385 号	开业地址	中山西路 349 号				
通讯处	中山西路 349 号						
申请人	戚伟良						

中华民国三十五年二月廿日							

【说明】此文献现藏于宁波市档案馆，编号：旧 4-1-345。

鄞县医师公会会员入会申请书（洪家翰）

鄞县医师公会会员入会申请书

<table>
<tr><td>姓名</td><td>洪家翰</td><td>年龄</td><td>51</td><td>性别</td><td>男</td><td>籍贯</td><td>余姚</td></tr>
<tr><td>出身</td><td colspan="7">宁波浸会医学院毕业</td></tr>
<tr><td>经历</td><td colspan="7">曾任北京协和医院医师，任华美医院医师三十年，现仍供斯职。</td></tr>
<tr><td>证书号数</td><td colspan="2">通字第383号</td><td>开业地址</td><td colspan="4">华美医院</td></tr>
<tr><td>通讯处</td><td colspan="7">华美医院</td></tr>
<tr><td>申请人</td><td colspan="7">洪家翰（印）洪约翰印</td></tr>
<tr><td colspan="8"></td></tr>
<tr><td colspan="8">中华民国三十五年二月廿日</td></tr>
</table>

【说明】

（一）此申请书所贴照片右下方钤圆形浅紫印，仅残一半印文，其印文为“□证行□”。

（二）此文献现藏于宁波市档案馆，编号：旧4-1-345。

鄞县医师公会会员入会申请书（刘贤良）

鄞县医师公会会员入会申请书

<table>
<tr><td>姓名</td><td>刘贤良</td><td>年龄</td><td>48</td><td>性别</td><td>男</td><td>籍贯</td><td>鄞县</td></tr>
<tr><td>出身</td><td colspan="7">宁波浸会医学院毕业</td></tr>
<tr><td>经历</td><td colspan="7">任华美医院医师二十三年，现仍供斯职。</td></tr>
<tr><td>证书号数</td><td colspan="2">通字第 382 号</td><td>开业地址</td><td colspan="4">华美医院</td></tr>
<tr><td>通讯处</td><td colspan="7">华美医院</td></tr>
<tr><td>申请人</td><td colspan="7">刘贤良（印）刘贤良印</td></tr>
<tr><td colspan="8">贴照片处</td></tr>
<tr><td colspan="8">中华民国三十五年二月廿日</td></tr>
</table>

【说明】此文献现藏于宁波市档案馆，编号：旧 4-1-345。

鄞县医师公会会员入会申请书（吴元章）

鄞县医师公会会员入会申请书

<table>
<tr><td>姓名</td><td>吴元章〔一〕</td><td>年龄</td><td>35</td><td>性别</td><td>男</td><td>籍贯</td><td>鄞县</td></tr>
<tr><td>出身</td><td colspan="7">国立上海医学院毕业</td></tr>
<tr><td>经历</td><td colspan="7">前中国红十字会总院医师</td></tr>
<tr><td>证书号数</td><td colspan="2">医字7441号</td><td>开业地址</td><td colspan="4">江北岸白沙路67号</td></tr>
<tr><td>通讯处</td><td colspan="7">江北岸白沙路天生医院</td></tr>
<tr><td>申请人</td><td colspan="7">吴元章（印）吴元章</td></tr>
<tr><td colspan="8"></td></tr>
<tr><td colspan="8">中华民国三十五年二月廿六日</td></tr>
</table>

【考释】

〔一〕“吴元章”，1912年10月17日出生，吴莲艇次子，浙江鄞县人，1939年6月国立上海医学院毕业，曾任上海中国红十字会第一医院医师、宁波天生医院院长、华美医院副院长、宁波市第二医院院长、宁波市卫生局副局长等职，2004年9月21日去世。

【说明】此文献现藏于宁波市档案馆，编号：旧4-1-345。

鄞县医师公会会员入会申请书（周宁甫）

鄞县医师公会会员入会申请书

<table>
<tr><td>姓名</td><td>周宁甫</td><td>年龄</td><td>64</td><td>性别</td><td>男</td><td>籍贯</td><td>鄞县</td></tr>
<tr><td>出身</td><td colspan="7">苏州博习医学校</td></tr>
<tr><td>经历</td><td colspan="7">鄞县第一公立医院</td></tr>
<tr><td>证书号数</td><td>通字第 372 号</td><td colspan="2">开业地址</td><td colspan="4"></td></tr>
<tr><td>通讯处</td><td colspan="7">寿昌巷康宁医院</td></tr>
<tr><td>申请人</td><td colspan="7">周宁甫</td></tr>
<tr><td colspan="8"></td></tr>
<tr><td colspan="8">中华民国三五年二月　日</td></tr>
</table>

【说明】此文献现藏于宁波市档案馆，编号：旧 4-1-345。

鄞县医师公会会员入会申请书（丁立成）

鄞县医师公会会员入会申请书

<table>
<tr><td>姓名</td><td>丁立成</td><td>年龄</td><td>55</td><td>性别</td><td>男</td><td>籍贯</td><td>镇海</td></tr>
<tr><td>出身</td><td colspan="7">齐鲁大学毕业</td></tr>
<tr><td>经历</td><td colspan="7">北京协和医院医师</td></tr>
<tr><td>证书号数</td><td colspan="2">医字第 2753 号</td><td>开业地址</td><td colspan="4">华美医院</td></tr>
<tr><td>通讯处</td><td colspan="7">华美医院</td></tr>
<tr><td>申请人</td><td colspan="7">丁立成（印）丁立成</td></tr>
<tr><td colspan="8">贴照片处</td></tr>
<tr><td colspan="8">中华民国三十五年二月　日</td></tr>
</table>

【说明】此文献现藏于宁波市档案馆，编号：旧 4-1-345。

鄞县医师公会会员入会申请书（夏禹铭）

鄞县医师公会会员入会申请书

姓名	夏禹铭（印）已制卡	年龄	55	性别	男	籍贯	奉化
出身	日本九州帝国大学毕业						
经历	中心医院院长〔一〕						
证书号数	医字第1891号	开业地址	华美医院				
通讯处	华美医院						
申请人	夏禹铭（印）夏禹铭（印）已制卡						

中华民国三十五年二月　日							

【考释】

〔一〕“中心医院”，鄞县县立中心医院。

【说明】此文献现藏于宁波市档案馆，编号：旧4-1-345。

夏禹铭正面免冠半身照

【图释与说明】

（一）此照片摄于新院大门反面前。

（二）据此照片与本书 1946 年档案《鄞县医师公会会员入会申请书（夏禹铭）》所见夏氏容貌对比，其或摄于同期。

（三）此照片由夏禹铭孙女夏至洁提供。

救署运到奶粉炼乳，贫婴福音，华美医院代办登记

本埠讯：行政院善后救济总署浙闽分署第一工作大队，自奉派来甬以来，已积极展开工作，接送过境义民，给资返乡者，已数十人，近自上海运到大批奶粉炼乳，闻该队除先以一部分配发甬埠已查明之慈善机关外，并委托本埠华美医院，代办登记家境贫苦二岁以下之婴儿，而确无乳母抚养，及有营养不良者，经该院检验合格，亦可配发。兹访录该大队补助慈善机关放赈条件如下：一、五岁以内之儿童；二、病弱之孤儿；三、病弱之老人；四、病弱之残废者，一俟调查就绪，即可开始配发云。

【说明】上述报道刊载于《宁波日报》1946 年 3 月 14 日。

中华基督教浙沪浸礼议会执行委员会关于议会事工之决议案

浙沪浸礼议会执行委员会关于议会事工之决议案

三十五年三月在杭州

……

五、关于医药事业者（46026条）

（一）议会开办医院之目标

1. 议会开办医院之目标为本基督之爱，藉医治与预防疾病之事工，服务人群。

2. 议会办理医药事工，除以广泛服务为范围外，尤其注意优良标准，故应质□并重，又为易于办理计，应保持私立医院之性质。

3. 医院为布道事业之良好场所，故凡病者来院求治，当身灵兼顾。

4. 议会医院应与地方尽□合作，并得接受地方上之协助。

（二）关于甬绍两院事宜者

1. 函请美国总差会与现留美之汤默思医师，设法资送丁、潘〔一〕两医师于最短期内赴美进修，以增将来服务之效能。

2. 对两院现任之医师及职员等，应设法于国内或国外予以深造之机会。

3. 两院战前预算内医师职员之进修款项应加以充实。

……

（四）议会医院改进之需要

1. 添建院舍及改进与修理。

2. 添置医药用具。

3. 推广工作程序。

（1）分设诊所于城中或乡间。

（2）推广公众卫生。

（3）另设流动诊疗部。

（4）与其他教会所设或私立医院合作。

4. 聘请年龄较轻，曾受专门教育之医师与职员。

5. 为安定医师、护士、职工之生活与保持医院之发展，各医院应注意并设法实行下列事项：

（1）职工按期储蓄。

（2）集团保险。

（3）退休和津贴条例。

（4）资送医师、职员至国内外深造。

（5）津贴医师、职员之子女教育费。

6. 提高精神生活与布道事工之地位

（1）医院内应有医师和职员灵修之场所。

（2）应聘曾受高等神学教育及有宗教经验之人员，主持院内之宗教及福利事工。

（五）关于护士学校者

1. 应增加学额。

2. 应资送现有护士部之优秀人员赴北平协和等处进修。

3. 应于议会所办之医院有交换实习与考察之机会。

（六）议会医院可能合作之事项

1. 议会医院应有顾问或通讯员一人，以资联络。

2. 凡议会所办医院之职员中如有特别研究和贡献，应交换意见，彼此合作。

3. 关于采办药品，购置设备及其他事项，亦应互相合作。

（七）西教士之需要名单

1. 华美医院

（1）汤默思医师。

（2）韩碧玲女士。

（3）汪女士。

（4）医师另加一人，共计男二人，女二人。

……

六、关于产业事宜者（46027 条）

……

（二）现今即应处理之产业

1. 宁区

……

（2）应有新建筑者

①华美医院部分

a. 宿舍一座，包括门诊室、礼拜堂与职员住宅等。

b. 隔离病室。

c. 职员住宅数幢。

……

七、关于经济事宜者（46033 条）

……

（三）医院

1. 医院除本院收入外，应向外筹募经费。

a. 救济费如宁院[二]之恩赐病床，绍院之贫病救济费等。

b. 职员深造及福利特款。

c. 指定之职员薪金。

d. 白十字医药材料与药品。

e. 医药用品。

f. 特别建筑与设备。

g. 基金。

【校记与考释】

〔一〕“潘”，潘连奎，绍兴福康医院院长，下同，不另出校。

〔二〕“宁院”，宁波华美医院；“绍院”，绍兴福康医院。

【说 明】上述决议案刊载于《普福钟》1946 年 4 月 10 日。

华美医院院务会议记录（1946.6.18）

华美医院卅五年度第一次院务会议

日期：六月十八日。

时间：下午八时。

地点：夏宅。

出席者：丁、夏、洪、马、韩、李、王、马、何、郁。钟医师赴沪，缺席。

祈祷。

报告（略）。

讨论事项：

1. 院长提，本院加薪办法应否酌加调整案。议决：职员每人发生活津贴米五斗，工友三斗，加倍数照旧（2250倍，2700倍）。

2. 加发生活津贴后简单（章）应否酌整案。〔一〕议决：号费改为初诊400元，复诊200元；特号费改为初诊2000元，复诊1000元；住院费改为特等：15000元；头等：11000元；二等：8500元；三等：5500元；普通：1800元（七月一日起实行）。

散会。

【校记】

〔一〕“单”，据文义校作“章”。

【说明】此文献现藏于宁波市档案馆，编号：306-1-10，误编入1933年卷宗。

宁波华美高级护士职业学校招生（1946.6.21）

报名日期：六月十九日至六月卅日。

考试日期：七月一日上午八时起。

地点：北门本校。

投考资格：初中毕业（限于女性）。

考试科目：国文、英文、数学、口试、体格检查。简章备索。

【说明】上述招生通知刊载于《宁波日报》1946年6月21日。

服务证明书（陈育敏）

Telegraphic Address:
Hwameihos-Ningpo

宁波华美医院
Hwa Mei Hospital
Ningpo, China

服务证书

查护士陈育敏，现年念（廿）四岁，浙江省慈溪县人，于一九四三年毕业后在本院各病室担任护士工作，服务三年有余，成绩优良，特此证明如右。

院长：丁立成

中华民国三十五年七月一日

【说明】此文献现藏于宁波市档案馆，编号：306-1-30。

中华基督教浙沪浸礼议会执委会常务委员会扩大会议记录（1946.8.23）

议会执委会常务委员会扩大会

民国卅五年八月廿三日在杭州中正街474号议会办公处

……

三、医院部分

华美及福康进行如常，丁、潘两院长行将出国深造，汤医师已回甬……

五、人事部分

（一）西教士于大会后回华者计郝培德、戴斐士〔一〕、汤默思、柏美蝶〔二〕、韩碧玲、萨士满等。

……

讨论事项：

（二）关于学校事宜者

……

46114：宁波圣模、慕义聘请校董案。准聘请：鲍哲庆、吴涵秋、谢凤鸣、顾溥森、方同源、赵传家、丁立成、倪德昭、徐品梅、戚伟英、吴志新、吕行方、韩碧玲、海维玲〔三〕、卫保真为慕义与圣模两校校董。

……

（三）关于医院事宜者

46116：准请下列人员为金华福音医院院董：

议会代表：徐佐青、潘连奎、鲍哲庆。

差会代表：聂士麦、汤默思。

区会代表：戴斐士、金溱波。

……

（七）关于办公处者

……

46146：于总干事出国期内，将其工作支配负责人员如下：

1. 办公处

总务：徐佐青校长；事务：蒋德恩牧师；妇女事工：裴德生女士。

2. 传道部

总务：邬福安牧师；宁区：吴志新牧师；绍区：陈肯堂牧师；湖区：祝宝庆牧师；金区：戴斐士牧师。

3. 学校部

总务：徐佐青校长；其他：各校校长。

4. 医院

总务：汤默思医师；他其：各院院长。

5. 妇女传道部

戚伟英女士。

6. 宗教教育部

柏美蝶女士。

……

【校记与考释】

〔一〕“戴斐士”，John P. Davis，下同，不另出校。

〔二〕“柏美蝶”，Mildred Proctor，下同，不另出校。

〔三〕“海维玲”，Viola C. Hill，下同，不另出校。

【说 明】上述记录刊载于《普福钟》1946 年 9 月 10 日。

宁波华美高级护士职业学校招生
（1946.8.24—26）

报名日期：八月二十四日至八月二十八日。

考试日期：八月二十九日上午八时起。

地点：本校。

投考资格：初中毕业（女性）。

考试科目：国文、英文、数学、口试、体格检查。简章备索。

【说 明】上述招生通知刊载于《时事公报》1946 年 8 月 24—26 日。

毕业证明书存根（刘丽琴）

存根

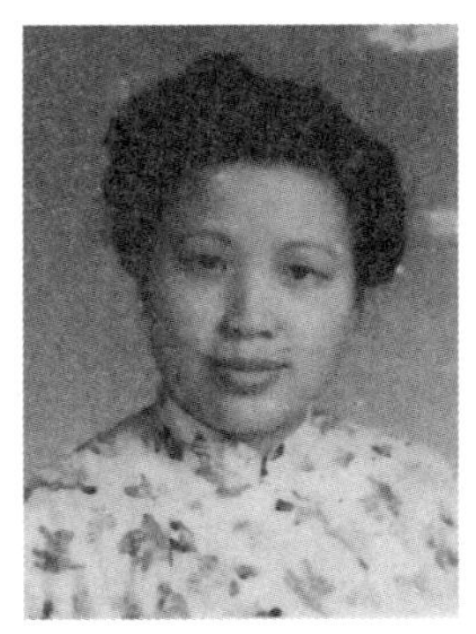

学生刘丽琴，系浙江省鄞县人，现年廿四岁，在本院学习病理化验科二年，经查成绩及格，准予毕业，此证。

院长：丁立成

中华民国三十五年九月

美 No.8

【说明】

（一）此存根右侧见一行骑缝字号“验字第□□号”，已被截为半字，骑缝字号处钤印一方，仅残一半印文，据相关文献可知，其印文为“宁波华美医院之钤记”。

（二）此文献现藏于宁波市档案馆，编号：306-1-30。

鄞县医院临时开业执照（华美医院）

鄞縣醫院臨時開業執照 院字第零零玖號

查丁立成在鄞縣望京路第二號開設

華美醫院執行業務依照

浙江省醫藥人員及醫院藥商註册規則之規定申

請註册經本院審查相符除註册外准給

開業執照以資證明

右給丁立成收執

院長

中華民國三十五年十月二十六日

【释文】

鄞县医院临时开业执照

院字第零零玖号

查丁立成在鄞县望京路第二号开设华美医院，执行业务依照浙江省医药人员及医院药商注册规则之规定申请注册，经本院审查相符，除注册外，准给开业执照，以资证明。

右给丁立成收执。（印）浙江省鄞县卫生院钤记

浙江省卫生处直属宁波卫生院（印）鄞县卫生院

院长:（印）范家骏

中华民国三十五年十月二十六日（印）鄞县卫生厅印（印）俟省照颁发后再行更换

【说明】

（一）此照右侧见一行骑缝字号“院字第零零玖号”，已被截为半字，骑缝字号处钤印一方，仅残一半印文，据相关文献可知，其印文为“浙江省鄞县卫生院钤记”。

（二）此文献现藏于宁波市档案馆，编号:306-1-30。

华美医院欢送洪家翰合影

【图释与说明】

（一）此照片摄于新院内。

（二）上海医药博物馆（集团）现存此照片正上方题“宁波华美医院全体成员欢送洪医师家翰摄影留念（中华民国三十五年十月）”。

（三）此照片第二排左起坐者，第二位是董秀云，第四位是俞佩英，第五位是钟怡阶，第七位是丁立成夫人，第八位是汤默思夫人格特鲁德，第九位是洪约翰夫人，第十位是洪约翰，第十一位是汤默思，第十二位是夏禹铭，第十三位是丁立成，第十四位是马友芳，第十五位是刘贤良，第十七位是郁云卿。第三排左起，第九位是陈洛意，第十三位是韩碧玲。后排左起，第四位是袁芳梅。

（四）刊载于宁波市第二医院编著《世纪华美　厚德鼎新——宁波市第二医院建院 170 周年纪念》，第 64 页。

华美医院医师合影（1946）

【图释与说明】

（一）此照片摄于新院拱形门前。

（二）此照片正上方题“宁波华美医院医师合影（三十五年十月）”。

（三）此照片左起，第一位是俞佩英，第二位是钟怡阶，第四位是洪约翰，第五位是汤默思，第六位是丁立成，第七位是夏禹铭，第八位是马友芳，第九位是刘贤良。（第三位身份未明）

（四）刊载于宁波市第二医院编著《世纪华美　厚德鼎新——宁波市第二医院建院 170 周年纪念》，第 52 页。

实习证明书（陈君博）

Telegraphic Address:
Hwameihos-Ningpo

宁波华美医院
Hwa Mei Hospital
Ningpo, China

证明书

查陈君博，现年二十五岁，浙江鄞县人，自三十五年四月起，至三十五年九月底止在本院外科部实习六个月，是实，特此证明如右。

院长（印）汤默思章

中华民国三十五年十月　日

【说明】此文献现藏于宁波市档案馆，编号：306-1-30。

本市简讯

前北平协和医院、宁波华美医院医师洪约翰，近来沪成立诊所于帕克路、白克路口博爱药房，旬日内即可开始诊务。

【说明】上述报道刊载于《申报》1946年11月2日。

善后救济总署浙闽分署特约医院办理难民医疗救济实施计划

紧急医疗救济为本署主要业务之一，除总署已与卫生署及中华民国红十字会救护〔总〕队洽妥，[一]调配医疗队院驻浙闽两省各冲要地区办理医疗救济工作外，复正由本署成立善后救济工作队加强其卫生股之组织，即可分头出发开展工作。惟目前交通情形日益好转，流徙他乡之难民行将纷纷归来，又浙闽两省八年苦战，贫病益增，为扩展是项难民及各地赤贫医疗救济工作起见，特订定本计划，以利施行。

一、进行办法

（一）兹体察浙省各地交通及经济情形，拟约定左列各医院及卫生院为难民及贫病民众医疗救济处所：

1. 杭州：省立杭州医院、[二]仁爱医院、广济医院。

2. 吴兴：福音医院。

3. 嘉兴：省立嘉兴医院、福音医院、天主堂医院。[三]

4. 绍兴：省立绍兴医院、福康医院。

5. 嵊县：卫生院。

6. 宁波：华美医院。

7. 余姚：惠爱医院。[四]

8. 金华：福音医院。

9. 兰溪：卫生院。

10. 衢县：卫生院。

11. 建德：省立建德医院。

12. 温州：白累德医院、董若望医院。[五]

13. 丽水：省立丽水医院。

14. 龙泉：卫生院。

15. 临海：恩泽医院。

福建省另行计议决定之。

（二）约定之医院或卫生院，应由本署会商指定每日免费门诊人数及该院病床床数，免费办理门诊及住院工作。此外接生、预防注射亦完全免费。

（三）凡持有难民证之难民及当地赤贫民众，均得向约定之医院或卫生院享受第〔二〕条所列举之利益，[六]各医院或卫生院不得拒绝。如该院免费病床已满额，而仍有持有难民证之难民必需住院，该院仍应收治。[七]

（四）约定之医院或卫生院，如有战时破坏太甚或目前设备过简，甚必要之修缮费用及必要之医疗设备，得商请本署核实拨发之。

（五）约定之医院或卫生院，办理此项免费医疗救济所需之药品，凭处方笺及其他凭证汇总，请本署拨补之，所需之病人伙食及一部分消耗费核实列册，请本署补助之。

（六）约定之医院或卫生院，其门首应悬挂左列标帜，并将各该院免费门诊及病数床目（病床数目）公告之（善后救济总署浙闽分署特约医疗救济处）[八]。

（七）约定之医院或卫生院，另行由本署依照本计划所列原则与各该院订定合作办法，以资遵循。

（八）本署得随时派员至各该约定之医院或卫生院抽查。

（九）本计划办理时期，以本署结束前三个月为止。[九]

二、本计划所收之效果

本计划预定约定之医院及卫生院二十一处，约计每月免费门诊有二万次，免费病床三百张，每月□□一千五百人，免费病人所消耗之药品由总署核拨。所消耗之经费，计补助修缮费，分大修、小修二种。大修占百分之三十，小修占百分之七十。大修每床以四万元，小修每床以一万元二千元，计二共三千万另五十万元，每月病人伙食及消耗费，每床每月暂定九千元，共二百七十万元，以上经费专案呈请总署核拨实报实销。

【说明】

（一）现知此计划存两件，一件完整（简称“甲本”），一件尾缺（简称“乙本”），此处以甲本释文，并以乙本之异校记于后，以供参考。

（二）此计划甲本、乙本，均现藏于绍兴市柯桥区档案馆，编号：140-4-1002。

（三）此计划失载年月日。为了解决“二战”后救济善后问题，1943 年 11 月 9 日，美、英、中等 44 国代表在华盛顿签署《联合国救济善后总署协定》，决议成立联合国善后救济总署（简称“联总”）。中国虽为联总创始国之一，但因对日抗战损失惨重，亟需（须）救济善后，被联总列为受援国。为了协助和配合联总在华善后救济，中国政府于 1945 年 1 月设立行政院善后救济总署（简称“行总”），其中心任务是接受联总对华分配物资，负责中国善后救济。抗战胜利后，行总在收复区设立“浙闽”等 15 个分署，作为总署之分支机构，负责本区域善后救济事宜。11 月 15 日，行总决定筹设浙闽分署。1946 年 2 月 15 日浙闽分署正式成立。由于浙闽两省交通隔阻，工作困难，11 月 13 日行总决定浙闽分署改组为浙江分署，专办浙省善后事宜。11 月 15 日起，福建改由总署直辖，浙闽分署改为浙江分署。据此可知，此计划制订时间当是 1946 年 2 月 15 日浙闽分署成立之后，11 月 15 日浙闽分署改为浙江分署之前。

【校记】

〔一〕“总”，据乙本补。

〔二〕“省立杭州医院”，乙本作“市立医院”。

〔三〕“天主堂医院”，乙本无。

〔四〕“余姚：惠爱医院”，乙本无。

〔五〕“董若望医院”，乙本无。

〔六〕“二”，据乙本补。

〔七〕“治”，乙本作“住”。

〔八〕“病数床目”，据乙本改作“病床数目”。

〔九〕自此后内容，乙本无。

前北平协和医院医师、
宁波华美医院医师洪约翰来沪应诊

地址：帕克路、白克路口博爱药房。

时间：上午十时至十二时，礼拜日预约。

住宅：愚园路愚谷邨廿三号。

电话（诊所）：37313；（住宅）：22174。

【说明】上述报道刊载于《申报》1946年11月25—26日。

鄞医师公会及青年会昨开会欢迎汤默思

新潮社讯：本埠华美医院前院长汤默思医师，服务宁波社会达二十余载，对医学之贡献极大。抗战期间被迫入日人集中营，辗转遣美，渠乃悉心研究医学上新颖知识。最近再度来甬，继续其为吾甬医界上献身之宿志。鄞县医师公会及宁波青年会为表示感谢是项崇高精神起见，特于昨日下午六时联合在青年会西菜部举行欢迎聚餐会，到汪时章等卅余人。由该会主席吴元章、青年会总干事倪德昭主持招待。餐后请汤医师报告美国战时医术新发明，计有露天施用 X 光钢掌絛骨当特速接骨，巧妙种皮机钉部外科，通肠皮管等多种，听众极饶兴趣，辞毕掌声未停，即有人临时动议，嗣后医师公会应按月举行是项学术性演讲，藉以增进医学新知识，当场一致表示赞成，华美医院丁院长并立即发言，下次地点可在华美，一切准备事宜，彼愿负责办理。继由鄞县卫生院院长范家骏报告医师声请检核办法。散会时，青年会又以美国新闻处所赠之医学书籍转赠各医师参阅云。

【说明】上述报道刊载于《宁波日报》1946 年 12 月 1 日。

华华医院薪俸津贴膳金报告表（1946年12月份）

	姓名		薪金	津贴	生活津贴	小计	膳金	总计	备考
医务部	1	丁立成	2000.00	798000.00	75000.00	875000.00	41700.00	916700.00	
	2	夏禹铭	2000.00	798000.00	75000.00	875000.00	41700.00	916700.00	
	3	马友芳	1400.00	558600.00	75000.00	635000.00	41700.00	676700.00	
	4	刘贤良	1300.00	518700.00	75000.00	595000.00	41700.00	636700.00	
	5	钟怡阶	1100.00	438900.00	75000.00	515000.00	52125.88	567125.88	
	6	刁国芳	676.00	269724.00	50800.00	321200.00	35311.08	356511.08	十二月十一日起，卅一日止。
	7	滕国榕	500.00	199500.00	75000.00	275000.00	52125.88	327125.88	
	8	俞佩英	500.00	199500.00	75000.00	275000.00	52125.88	327125.88	
	9	张成志	550.00	219450.00	75000.00	295000.00	41700.00	336700.00	

续表

	姓名		薪金	津贴	生活津贴	小计	膳金	总计	备考
医务部	10	郑其炳	360.00	143640.00	75000.00	219000.00	52125.88	271125.88	
	11	李志良	250.00	99750.00	75000.00	175000.00	52125.88	227125.88	
	12	许国芳	400.00	159600.00	75000.00	235000.00	52125.88	287125.88	
	13	陈信德	250.00	99750.00	75000.00	175000.00	52125.88	227125.88	
	14	丁闺训	200.00	79800.00	75000.00	155000.00	52125.88	207125.88	
	15	李乃绥	400.00	159600.00	75000.00	235000.00	52125.88	287125.88	
	16	王秀霞	400.00	159600.00	75000.00	235000.00	52125.88	287125.88	
	17	周美德	350.00	139650.00	75000.00	215000.00	52125.88	267125.88	
	18	彭琼珠	350.00	139650.00	75000.00	215000.00	52125.88	267125.88	
	19	王恩美	350.00	139650.00	75000.00	215000.00	52125.88	267125.88	
	20	朱守奋	350.00	139650.00	75000.00	215000.00	52125.88	267125.88	
	21	马丽雅	350.00	139650.00	75000.00	215000.00	52125.88	267125.88	

续表

		姓名	薪金	津贴	生活津贴	小计	膳金	总计	备考
医务部	22	王秀珠	300.00	119700.00	75000.00	195000.00	52125.88	247125.88	
	23	金玉珍	250.00	99750.00	75000.00	175000.00	52125.88	227125.88	
	24	张冰梅	250.00	99750.00	75000.00	175000.00	52125.88	227125.88	
	25	倪素俊	250.00	99750.00	75000.00	175000.00	52125.88	227125.88	
	26	李秀卿	250.00	99750.00	75000.00	175000.00	52125.88	227125.88	
	27	张承恩	250.00	99750.00	75000.00	175000.00	52125.88	227125.88	
	28	陈洛意	250.00	99750.00	75000.00	175000.00	52125.88	227125.88	
	29	马菊英	200.00	79800.00	75000.00	155000.00	52125.88	207125.88	
	30	庄维藩	200.00	79800.00	75000.00	155000.00	52125.88	207125.88	
	31	张荷莲	200.00	79800.00	75000.00	155000.00	52125.88	207125.88	
	32	王桂卿	200.00	79800.00	75000.00	155000.00	52125.88	207125.88	
	33	陈亚星	200.00	79800.00	75000.00	155000.00	52125.88	207125.88	

续表

	姓名		薪金	津贴	生活津贴	小计	膳金	总计	备考
医务部	34	沈仁谦		40000.00		40000.00	52125.88	92125.88	
	35	丁启范					52125.88	52125.88	
	36	江贤骑〔一〕					52125.88	52125.88	
	37	叶灵慧（惠）					52125.88	52125.88	
	38	王缦兮					52125.88	52125.88	
	39	江亚灵					52125.88	52125.88	
	40	葛元华					52125.88	52125.88	
	41	郑光铭					52125.88	52125.88	
	42	郭秋霞					52125.88	52125.88	
	43	唐美娟					52125.88	52125.88	
	44	李　恒					52125.88	52125.88	
	45	范秀云					52125.88	52125.88	
	46	孙蔷林					52125.88	52125.88	

续表

		姓名	薪金	津贴	生活津贴	小计	膳金	总计	备考
医务部	47	宓碧霞					52125.88	52125.88	
	48	王秀英					52125.88	52125.88	
	49	王　鸣					52125.88	52125.88	
	50	董遐灵（龄）[二]					52125.88	52125.88	
	51	蒋克昭					52125.88	52125.88	
	52	刘菊琴					52125.88	52125.88	
	53	何绣章					52125.88	52125.88	
	54	柴志美					52125.88	52125.88	
	55	赵文英					52125.88	52125.88	
	56	唐清（青）华[三]					52125.88	52125.88	
	57	胡嘉荷					52125.88	52125.88	
	58	袁芳梅					52125.88	52125.88	
	59	郑海声					52125.88	52125.88	

续表

		姓名	薪金	津贴	生活津贴	小计	膳金	总计	备考
医务部	60	张璀令[四]					52125.88	52125.88	
	61	陈梅善[五]					52125.88	52125.88	
	62	李亦芬（芳）[六]					52125.88	52125.88	
	63	陈文珍					52125.88	52125.88	
	64	罗佩娟					52125.88	52125.88	
	65	张文慈					52125.88	52125.88	
	66	陈　斐					52125.88	52125.88	
	67	刘靖如					52125.88	52125.88	
	68	戴吟霞					52125.88	52125.88	
	69	谭　萍					52125.88	52125.88	
	70	陈剑佩[七]					52125.88	52125.88	
			16836.00	6757564.00	2450800.00	9225200.00	3579867.40	12805067.40	

续表

		姓名	薪金	津贴	生活津贴	小计	膳金	总计	备考
工作部	1	奚大根	100.00	49900.00	40000.00	90000.00	52125.88	142125.88	
	2	张燮生（笙）	100.00	49900.00	40000.00	90000.00	52125.88	142125.88	
	3	戴顺昌	100.00	49900.00	40000.00	90000.00	52125.88	142125.88	
	4	奚大炳	100.00	49900.00	40000.00	90000.00	52125.88	142125.88	
	5	吕道绵	100.00	49900.00	40000.00	90000.00	52125.88	142125.88	
	6	刘阿三	100.00	49900.00	40000.00	90000.00	52125.88	142125.88	
	7	董良松	100.00	49900.00	40000.00	90000.00	52125.88	142125.88	
	8	高孝奎	100.00	49900.00	40000.00	90000.00	52125.88	142125.88	
	9	林定甫	100.00	49900.00	40000.00	90000.00	52125.88	142125.88	
	10	任愿（元）恩	100.00	49900.00	40000.00	90000.00	52125.88	142125.88	
	11	郁宏生	100.00	49900.00	40000.00	90000.00	52125.88	142125.88	

续表

	姓名		薪金	津贴	生活津贴	小计	膳金	总计	备考
工作部	12	卢殿臣	100.00	49900.00	40000.00	90000.00	52125.88	142125.88	
	13	童春兰	100.00	49900.00	40000.00	90000.00	52125.88	142125.88	
	14	董阿贵	100.00	49900.00	40000.00	90000.00	52125.88	142125.88	
	15	李汉林	100.00	49900.00	40000.00	90000.00	52125.88	142125.88	
	16	竺甬川	100.00	49900.00	40000.00	90000.00	52125.88	142125.88	
	17	刘桂仙	50.00	24950.00	40000.00	65000.00	52125.88	117125.88	
	18	张楼氏	50.00	24950.00	40000.00	65000.00	52125.88	117125.88	
	19	邬阿翠	50.00	24950.00	40000.00	65000.00	52125.88	117125.88	
	20	张徐氏	50.00	24950.00	40000.00	65000.00	52125.88	117125.88	
	21	滕金凤	50.00	24950.00	40000.00	65000.00	52125.88	117125.88	
	22	谢滕氏	50.00	24950.00	40000.00	65000.00	52125.88	117125.88	
	23	郁延（贤）庆（卿）	135.00	67365.00	40000.00	107500.00	52125.88	159625.88	
			2035.00	1015465.00	920000.00	1937500.00	1198895.24	3136395.24	

续表

		姓名	薪金	津贴	生活津贴	小计	膳金	总计	备考
短工部	1	蔡同坤		150000.00	40000.00	190000.00	52125.88	242125.88	
	2	朱阿狗		60000.00	40000.00	100000.00	52125.88	152125.88	
	3	万（葛）福清[八]		60000.00	40000.00	100000.00	52125.88	152125.88	
	4	陈富宝		60000.00	40000.00	100000.00	52125.88	152125.88	
	5	陈菊棠		60000.00	40000.00	100000.00	52125.88	152125.88	
	6	朱华成		50000.00	40000.00	90000.00	52125.88	142125.88	
	7	卓余德		50000.00	40000.00	90000.00	52125.88	142125.88	
	8	张文忠		50000.00	40000.00	90000.00	52125.88	142125.88	
	9	姚阿仁		50000.00	40000.00	90000.00	52125.88	142125.88	
	10	朱星元		50000.00	40000.00	90000.00	52125.88	142125.88	
	11	胡定宝		50000.00	40000.00	90000.00	52125.88	142125.88	
	12	胡纪立		50000.00	40000.00	90000.00	52125.88	142125.88	
	13	李小毛		50000.00	40000.00	90000.00	52125.88	142125.88	

续表

		姓名	薪金	津贴	生活津贴	小计	膳金	总计	备考
短工部	14	袁金水		50000.00	40000.00	90000.00	52125.88	142125.88	
	15	裘富鹤		50000.00	40000.00	90000.00	52125.88	142125.88	
	16	董静秋		50000.00	40000.00	90000.00	52125.88	142125.88	
	17	陈多加		30000.00	40000.00	70000.00	52125.88	122125.88	
	18	冯阿凤		25000.00	40000.00	65000.00	52125.88	117125.88	
	19	竺小毛		25000.00	40000.00	65000.00	52125.88	117125.88	
	20	滕阿花		25000.00	40000.00	65000.00	52125.88	117125.88	
	21	卢阿英					52125.88	52125.88	
	22	戴德茂					52125.88	52125.88	
				1045000.00	800000.00	1845000.00	1146769.36	2991769.36	
管理部	1	马时飏	500.00	199500.00	75000.00	275000.00	52125.88	327125.88	
	2	何承宗	450.00	179550.00	75000.00	255000.00	52125.88	307125.88	
	3	沈屏侯	400.00	159600.00	75000.00	235000.00	52125.88	287125.88	

续表

		姓名	薪金	津贴	生活津贴	小计	膳金	总计	备考
管理部	4	洪兆藩	400.00	159600.00	75000.00	235000.00	52125.88	287125.88	
	5	胡叔云	350.00	139650.00	75000.00	215000.00	52125.88	267125.88	
	6	陶德生	200.00	79800.00	75000.00	155000.00	52125.88	207125.88	
	7	白女士		150000.00		150000.00	52125.88	202125.88	
			2300.00	1067700.00	450000.00	1520000.00	364881.16	1884881.16	
修理部	1	郁云卿	700.00	279300.00	75000.00	355000.00	52125.88	407125.88	
	2	卢绪孝	200.00	99800.00	40000.00	140000.00	52125.88	192125.88	
	3	卢绪申	180.00	89820.00	40000.00	130000.00	52125.88	182125.88	
			1080.00	468920.00	155000.00	625000.00	156377.64	781377.64	
公益部	1	俞检身	500.00	199500.00	75000.00	275000.00	52125.88	327125.88	
	2	董秀云	450.00	179550.00	75000.00	255000.00	52125.88	307125.88	
	3	李文英	350.00	139650.00	75000.00	215000.00	52125.88	267125.88	
	4	马焕英	250.00	99750.00	75000.00	175000.00	52125.88	227125.88	

续表

	姓名		薪金	津贴	生活津贴	小计	膳金	总计	备考
			1550.00	618450.00	300000.00	920000.00	208503.52	1128503.52	
厨房	1	刘秀凤	350.00	139650.00	75000.00	215000.00	52125.88	267125.88	
	2	冯岳琴	120.00	59880.00	40000.00	100000.00	52125.88	152125.88	
	3	陈云棠	120.00	59880.00	40000.00	100000.00	52125.88	152125.88	
	4	黎贵祥		50000.00	40000.00	90000.00	52125.88	142125.88	
	5	邵桂松		50000.00	40000.00	90000.00	52125.88	142125.88	
	6	卢传玉		50000.00	40000.00	90000.00	52125.88	142125.88	
	7	陆四海		50000.00	40000.00	90000.00	52125.88	142125.88	
	8	吕孔亮		60000.00	40000.00	100000.00	52125.88	152125.88	
			590.00	519410.00	355000.00	875000.00	417007.04	1292007.04	
总计	1	医务部	16836.00	6757564.00	2450800.00	9225200.00	3579867.40	12805067.40	
	2	工作部	2035.00	1015465.00	920000.00	1937500.00	1198895.24	3136395.24	
	3	管理部	2300.00	1067700.00	450000.00	1520000.00	364881.16	1884881.16	

续表

		姓名	薪金	津贴	生活津贴	小计	膳金	总计	备考
总计	4	修理部	1080.00	468920.00	155000.00	625000.00	156377.64	781377.64	
	5	公益部	1550.00	618450.00	300000.00	920000.00	208503.52	1128503.52	
			23801.00	9928099.00	4275800.00	14227700.00	5508524.96	19736224.96	
		短工部		1045000.00	800000.00	1845000.00	1146769.36	2991769.36	
		开刀间添菜					49150.00	49150.00	
		夜班蛋					36000.00	36000.00	
			23801.00	10973099.00	5075800.00	16072700.00	6740444.32	22813144.32	

院长：　　会计：　　覆核员：（印）何承宗　　制表员：

【校记】

〔一〕“江贤骑”，亦见写作“江贤骐”，一般写作“江贤骥”，以上诸名均指同一人，下同，不另出校。

〔二〕“灵”，据相关文献校作“龄”，下同，不另出校。

〔三〕“清”，据相关文献校作“青”，下同，不另出校。

〔四〕“张璀令”，亦见写作“张璀玲”“张璀呤”，以上诸名均指同一人，下同，不另出校。

〔五〕“陈梅善”，亦见写作“陈美善”，以上诸名均指同一人，下同，不另出校。

〔六〕“芬”，据相关文献校作“芳”，下同，不另出校。

〔七〕“陈剑珮”，亦见写作“陈剑佩”，以上诸名均指同一人，下同，不另出校。

〔八〕“万”，据相关文献校作“葛”。

【说明】

（一）此原始报告表首页题名“华华医院薪俸津贴膳金报告表”，后 4 页题名“华美医院薪俸津贴膳金报告表”。

（二）现存《华美医院薪俸津贴膳金报告表（1946 年 1—12 月份）》，限于篇幅，此处仅收录是年 12 月份作参考。此文献现藏于宁波市档案馆，编号：306-1-30。

服务证明书（滕国榕）

Telegraphic Address:
Hwameihos-Ningpo

宁波华美医院
Hwa Mei Hospital
Ningpo, China

服务证书

查医师滕国榕，现年三十岁，浙江省永嘉县人，于民国三十四年十月一日至三十五年十二月在本院服务，是实，现仍在服务中，特此证明。

院长：汤默思

中华民国三十五年十二月　日（印）宁波华美医院之钤记

【说明】此文献现藏于宁波市档案馆，编号：306-1-30。

服务证明书（俞佩英）

Telegraphic Address: 宁波华美医院
Hwameihos-Ningpo Hwa Mei Hospital
Ningpo, China

服务证明书

查医师俞佩英，现年二十八岁，系浙江省慈溪县人，自民国三十四年七月一日起，至三十五年十二月在本院服务，是实，特此证明如右。

院长：汤默思

中华民国三十五年十二月　日（印）宁波华美医院之钤记

【说 明】此文献现藏于宁波市档案馆，编号：306-1-30。

甬江女子中学1946年度第1学期职教员一览表（节选）

鄞县私立甬江女子中学三五年度第一学期职教员一览表

数号	姓名	年龄	性别	籍贯	学历	经历	职务	担任学科	每周教学时数	月薪	专任或兼任	到校年月	备注
1	沈贻芗	44	女	奉化	上海私立沪江大学教育系毕业，美国本薛文尼亚大学文学硕士。	曾任本中学校长兼教员十一年，鄞县县立临时联合中学教务主任兼教员三年。	校长兼训育主任	高中英语	6	$264000	专任	三十四年八月	在本校因战事停办前曾服务本校十四年，无试验检定□。核准年月：三十四年十二月章字7978号。
6	丁立成	54	男	镇海	国立齐鲁大学医学院医科毕业	现任华美医院院长	校医			义务	兼任	三十四年九月	核准年月：三十四年十二月章字7978号。
11	汤默思夫人	56	女	美国	美国波士顿薛米诺大学理学硕士	曾在薛米诺大学任教四年	教员	高中英语	6	义务	兼任		

【说明】此文献现藏于宁波市档案馆，编号：旧10-1-48。

华美医院1938年与1945年薪膳对照表

1938年薪膳		膳
医	19334.88	62人3036.37
工	6290.86	2411.04
管	2556.52	
修	1867.71	
公	2160.63	
	32210.60	
1945年薪		
医	3194100.00	
工	1418690.00	
管	417360.00	
修	271135.00	
公	302900.00	
	5604185.00	

【说明】此文献现藏于宁波市档案馆，编号：306-1-28。